Theologische Studien

Neue Folge

T0161699

T V Z

Theologische Studien

Neue Folge

herausgegeben von
Thomas Schlag, Reiner Anselm,
Jörg Frey, Philipp Stoellger

Die Theologischen Studien, Neue Folge, stellen aktuelle öffentlichkeits- und gesellschaftsrelevante Themen auf dem Stand der gegenwärtigen theologischen Fachdebatte profiliert dar. Dazu nehmen führende Vertreterinnen und Vertreter der unterschiedlichen Disziplinen – von der Exegese über die Kirchengeschichte bis hin zu Systematischer und Praktischer Theologie – die Erkenntnisse ihrer Disziplin auf und beziehen sie auf eine spezifische, gegenwartsbezogene Fragestellung. Ziel ist es, einer theologisch interessierten Leserschaft auf anspruchsvollem und zugleich verständlichem Niveau den Beitrag aktueller Fachwissenschaft zur theologischen Gegenwartsdeutung vor Augen zu führen.

Theologische Studien

NF 4 – 2017

Christian Albrecht, Reiner Anselm

Öffentlicher Protestantismus

Zur aktuellen Debatte um gesellschaftliche Präsenz und politische Aufgaben des evangelischen Christentums

T V Z
Theologischer Verlag Zürich

Gedruckt mit freundlicher Unterstützung der Deutschen Forschungsgemeinschaft im Rahmen ihrer Förderung der Forschergruppe 1765: «Der Protestantismus in den ethischen Debatten der Bundesrepublik Deutschland 1949–1989».

Der Theologische Verlag Zürich wird vom Bundesamt für Kultur mit einem Strukturbeitrag für die Jahre 2016–2018 unterstützt.

Bibliografische Informationen der Deutschen Nationalbibliothek

Die Deutsche Nationalbibliothek verzeichnet diese Publikation in der Deutschen Nationalbibliografie; detaillierte bibliografische Daten sind im Internet über http://dnb.dnb.de abrufbar.

Umschlaggestaltung: Simone Ackermann, Zürich

Druck: ROSCH-BUCH GmbH, Schesslitz

ISBN 978-3-290-17802-4

© 2017 Theologischer Verlag Zürich

www.tvz-verlag.ch

Inhaltsverzeichnis

Zur Problemstellung

Die Frage nach den Bedingungen, unter denen sich gesellschaftliche Konflikte freiheitswahrend austragen lassen, ist in der jüngsten Vergangenheit verstärkt ins Bewusstsein getreten. Wie lässt sich auf dem Hintergrund einer unhintergehbaren Pluralität der individuellen Überzeugungen ein verbindender Rahmen finden, der die Suche nach dem Gemeinsamen ebenso ermöglicht wie die Voraussetzung für das Nebeneinander unterschiedlicher Positionen schafft? Beschleunigte Individualisierung, ein forcierter Pluralismus sowie die Dynamik von Globalisierung und Migration haben zentrifugale Kräfte entfaltet, die nicht nur Bürger und Politik vor neue Herausforderungen stellen. Auch das evangelische Christentum kann sich ihnen nicht entziehen. Es hat die Verantwortung für die Zukunft des gesellschaftlichen Zusammenlebens von jeher in besonderer Weise empfunden. Der Protestantismus der Gegenwart steht dabei vor einer besonderen Aufgabe: Er ist dem Ganzen der Gesellschaft verpflichtet – und stellt doch nur eine von vielen gesellschaftlichen Kräften dar. Er ist Teil einer pluralen Öffentlichkeit – und möchte doch keinesfalls nur partikulare Interessen vertreten. Er vertritt die universale Botschaft des Evangeliums von Frieden und Versöhnung – und sieht sich zugleich den desintegrierenden Folgen gesellschaftlicher Modernisierung und ihrer Schattenseiten ausgesetzt.

Das hier vorgestellte Programm des Öffentlichen Protestantismus stellt sich diesen Herausforderungen und will dazu beitragen, die Rolle des Protestantismus in der Gesellschaft in einer der Gegenwart angemessenen Weise zu beschreiben. Zwei Voraussetzungen sind es, die dieses Programm bestimmen und darum hier gleich zu Beginn eigens hervorgehoben werden sollen. Zunächst: Öffentlich meint keinen Raum, sondern eine Ausrichtung des Protestantismus auf gesellschaftlichen Zusammenhalt hin, in traditioneller Begrifflichkeit: auf das Gemeinwohl hin[1]. Ein solches Gemeinwohl wird dabei gesehen als der verbindende Rahmen, der ein freiheitsorientiertes Leben unter den Bedingungen der Pluralität erst ermöglicht und vermeidet, dass die Modernisierung ihr destruktives Potenzial ungehindert entfalten kann. Sodann: Seit der Protestation des Reichstags zu Speyer 1529, die den Evangelischen ihren Namen gab, wird mit «Protestantismus» häufig vorrangig die Bezogenheit

---

[1] Zum Zusammenhang zwischen Öffentlichkeit und Gemeinwohl vgl., wenn auch mit unterschiedlichen Zielrichtungen, Axel Honneth: Das Recht der Freiheit. Grundriss einer demokratischen Sittlichkeit, Berlin 2011, sowie Volker Gerhard: Öffentlichkeit. Die politische Form des Bewusstseins, München 2012.

des evangelischen Glaubens auf die politische Kultur der jeweiligen Gegenwart verbunden. Dagegen soll im Begriff des Protestantismus, wie er im nachfolgend entfalteten Programm des Öffentlichen Protestantismus präsent ist, stets auch die Orientierung an der kirchlichen Situation der jeweiligen Gegenwart, die Bezogenheit auf individuelle Träger und die Einbettung in die Gegenwartskultur mitschwingen. Damit bezeichnet der Ausdruck Protestantismus mehr und Weiteres als die Konzentration auf Politik und Gesellschaft einerseits, und als die Begriffe evangelische Theologie und evangelische Kirche andererseits. Gerade vor dem Hintergrund der vielfältig konstatierten Erosionen des evangelischen Kirchenchristentums gewinnt diese Erweiterung an Bedeutung. Protestantismus steht allerdings gerade nicht für eine mögliche Geringschätzung der Kirche, sondern trägt in sich den Anspruch, den evangelischen Glauben in gleicher Weise am Ort des Einzelnen und in der Sphäre des Politischen gegenwartsorientiert zur Geltung zu bringen.

Als Öffentlicher Protestantismus gewinnt das evangelische Christentum Gestalt in der näheren Bestimmung des angesprochenen verbindenden Rahmens. Dabei ist ausdrücklich zu betonen: Hinter Individualisierung und Pluralisierung der Moderne führt kein Weg zurück – schon allein deswegen nicht, weil beide eng verbunden sind mit dem Freiheitssinn des evangelischen Glaubens. Zu einem solchen Freiheitssinn gehört aber immer beides: das Reklamieren von unhintergehbaren Freiheitsrechten des Einzelnen und die Bereitschaft, die daraus resultierenden Konflikte so auszutragen, dass die Voraussetzungen von Freiheit, Individualität und Pluralität nicht konterkariert werden. Anders formuliert: Es geht um die wertorientierte und konkurrenzfähige Gestaltung von Pluralität, nicht um ihre mehr oder weniger heimliche Kassierung. Das Bekenntnis zu Freiheit und Pluralität ist nicht mehr ohne die mittlerweile erfahrungsgestützte Einsicht zu haben, dass die freiheits- und pluralitätsgefährdenden, mithin selbstzerstörerischen Potenziale einer hyperdiversifizierten Gesellschaft überhandzunehmen drohen. Es kann daher nicht darauf verzichtet werden, verbindende normative und kulturelle Grundlagen für Formen und Inhalte der Bewältigung unvermeidbarer politischer Konflikte festzulegen.

Dieses Interesse und diese Bereitschaft, die für das Zusammenleben in pluralen Gesellschaften unverzichtbaren, gemeinsamen Einstellungsmuster zur Diskussion zu stellen, sollte weder als antiliberales Leitkulturgerede noch als Sehnsucht nach den «guten alten Zeiten» abgetan werden, sondern es entsteht, mit Ulrich Beck gesprochen, in Prozessen «reflexiver Modernisierung». Wenn man so will, beginnt das alte, besonders vom Liberalismus artikulierte, ängstliche Mahnen vor dem destruktiven Potenzial eines Diskurses über gemeinsam geteilte, verbindende Zielvorstellungen, inzwischen selbst destruktiv zu werden. Über der liberalen Enthaltsamkeit in dieser Frage droht zunehmend aus dem Blick zu geraten, wie sehr das Zusammenleben in einer freiheitlichen Gesellschaft abhängig ist von gemeinsam geteilten Vorstellungen des Guten. Die für selbstverständlich gehaltenen, prozeduralen Regelungen für das Zusammenleben in modernen, pluralen und freiheitlichen Gesellschaften sind, wie zunehmend deutlich wird, sehr viel stärker von dezidierten Wertungen und damit letztlich durch Fermente der überkommenen religiösen Ordnung geprägt, als dies durch die Vertreter liberaler Ordnungsmodelle bislang angenommen wurde. Denn schon die grundlegende Überzeugung der liberalen Modelle, nämlich die prinzipielle Gleichberechtigung aller Menschen, verdankt sich ja nicht einer empirischen Einsicht. Hier handelt es sich um eine normative Aussage, die nicht nur in ihrer Genese, sondern auch in ihrer Geltung eng mit der christlichen, womöglich sogar der evangelischen Tradition verbunden ist. Unbeschadet der Tatsache, dass es auch andere, nicht-religiöse Begründungsstrategien für solche grundlegenden Überzeugungen gibt, spricht doch vieles dafür, dass die Motivation, solche Überzeugungen auch handlungsleitend werden zu lassen letztlich nur über entsprechende religiöse Traditionen vermittelt und am Leben gehalten werden kann. Hier stehen jeweils starke Überzeugungen im Hintergrund, ohne die die entsprechende gesellschaftliche Ordnung nicht funktionsfähig ist. Sowohl Jürgen Habermas als auch Hans Joas haben jüngst auf diese Zusammenhänge hingewiesen.

Die politischen Entwicklungen der jüngsten Vergangenheit mit ihrer Öffnung hin zu vor kurzer Zeit noch als extrem angesehenen politischen Positionen, Personen und Parteien zeigen die Diffusion und den Verlust von einstmals als selbstverständlich vorausgesetzten, gemeinsam geteilten liberalen Überzeugungen. Das evangelische Christentum in seiner Dimension als Öffentlicher Protestantismus tut gut daran, in diesen Entwicklungen weder resignativ noch durch abschottendes autoritatives Pochen auf eigene Gewissheiten aufzutreten, sondern sich selbst als Motor und Modus der diskursiven Austragung von gesellschaftlichen und politischen Differenzen zu präsentieren. Hier übernimmt das Christentum auch eine gesellschaftliche Funktion der Aushandlung von Lösungen – nicht zuletzt durch die selbstbewusst und normativ gemeinte Formulierung von inhaltlichen Rahmenbedingungen für die Konstruktion von Überzeugungen des gesellschaftlich verbindenden gemeinsamen Guten. Der Protestantismus wird dabei deutlich machen wollen, dass die Austragung von Konflikten nur auf der gemeinsamen Grundlage einer verbindenden politischen Kultur möglich ist, aber zugleich im Interesse von Freiheit und Selbstbestimmung unverzichtbar ist.

Die im Protestantismus präsent gehaltenen Formen und inhaltlichen Kriterien der politischen Aushandlung von Kompromissen in gesellschaftlichen Konflikten gewinnen gerade im Blick auf die politischen Entwicklungen der Gegenwart eine gesellschaftliche Attraktivität, die hier begründet und für die hier selbstbewusst geworben werden soll. Im gegenwärtig neu ausbrechenden Wettbewerb der Positionen kann der Protestantismus gerade in der Bundesrepublik durchaus Startvorteile zur Geltung bringen, und zwar nicht aus exklusiver Autorität oder moralischer Überlegenheit heraus, sondern aufgrund seiner Verwobenheit mit der politischen Kultur. Er verfügt über historische Erfahrung der Beteiligung an politischen Debatten in allen Höhen und Tiefen der Geschichte. Abgründe sind ihm so vertraut wie die erfolgreiche Beteiligung an Kontroversen um gesellschaftliche Gestaltung.

In den nachstehenden Überlegungen wird das Programm eines Öffentlichen Protestantismus entwickelt und zugleich mit anderen Formen politischer Präsenz des evangelischen Christentums verglichen. Dazu widmet sich der erste Abschnitt der Frage, welche Veränderungsdynamiken den gegenwärtigen Protestantismus und damit die Gestaltwerdung des Öffentlichen Protestantismus prägen. Der besondere Akzent liegt auf dem Gedanken, dass es sich bei dem Öffentlichen Protestantismus nicht um eine eigene, abtrennbare Form evangelischen Christentums handelt, sondern um eine genuine Dimension des Protestantismus, die die Grundüberzeugungen des evangelischen Glaubens im Gegenüber zur Sphäre des Politischen vertritt und dabei besonders die Frage nach der gesellschaftlichen Kohäsion thematisiert. In dieser Zielrichtung ist ein Öffentlicher Protestantismus nie abtrennbar von den beiden anderen Dimensionen des Protestantismus: dem individuellen Protestantismus, der den Bezug auf die Lebens- und Glaubenswelt des Einzelnen mit sich führt und dem kirchlichen Protestantismus, der den Bezug auf kirchliche Gemeinschaftsformen und Praktiken fokussiert. Es ist gerade die Reflexion auf die Verflechtung und die Koexistenz dieser Dimensionen, in allen ihren gegenwärtig wahrnehmbaren Wandlungen und den aus diesen sich ergebenden Aufgaben, die das Motiv für die nachfolgenden Überlegungen zum Öffentlichen Protestantismus bildet.

In welcher Weise sich dieses Programm des Öffentlichen Protestantismus mit dem einer «Öffentlichen Theologie» berührt, inwiefern es sich aber auch von dieser unterscheidet, ist Gegenstand des zweiten Kapitels. Zweifelsohne nimmt die Öffentliche Theologie zentrale Überlieferungsbestände aus der Geschichte des evangelischen Christentums auf – wie zum Beispiel die auf die Reformatoren zurückgehende Einsicht, dass der Protestantismus neben seinen auf den einzelnen Glaubenden sowie auf die kirchliche Gemeinschaft bezogenen Ebenen auch eine das Gemeinwesen betreffende, politische Dimension hat. Daraus leitet sie den Anspruch auf gegenwärtige öffentliche Präsenz und politische Mitsprache des Protestantismus ab, um ihn zugleich unter den Bedingungen einer pluralen Gesellschaft zu aktualisieren. Die hier vorgelegten Überlegungen zum Öffentlichen Protestantismus nuancieren den Öffentlichkeitsanspruch des evangelischen Glaubens anders als die Öffentliche Theologie, sind in weiten Teilen aber angeregt durch die Auseinandersetzung mit ihr.

Das dritte Kapitel widmet sich sodann der Entwicklung derjenigen Leitgedanken, mit denen der Öffentliche Protestantismus intendiert, den gesuchten verbindenden Rahmen für eine moderne, freiheitlich-plurale Gesellschaft näher zu umreißen. Dabei gilt es deutlich zu machen, wie das Überlieferungsreservoir des evangelischen Glaubens auf diese Aufgabe hin transformiert und ausgelegt werden kann.

Im vierten Kapitel werden drei Grundsätze diskutiert, die der Öffentliche Protestantismus als freiheitsdienliche und pluralitätsfördernde Rahmenbedingungen für das konstruktive Austragen politischer Streitfragen entfaltet: (1) die Weltlichkeit der Welt zu respektieren als Konsequenz aus dem Glauben an Gott den Schöpfer; (2) Freiheit in der Gemeinschaft zu ermöglichen als Konsequenz aus dem Glauben an Gott den Versöhner; (3) die Zukunftsfähigkeit menschlichen Lebens zu gewährleisten als Konsequenz aus dem Glauben an Gott den Erlöser. In einer auf das Politische bezogenen ethischen Konkretisierung dieser drei Dimensionen steht der Öffentlicher Protestantismus für eine Grundierung des gesellschaftlichen Zusammenlebens aus dem Geist des evangelischen Christentums, das sich an politischen Debatten kritisch und konstruktiv beteiligt mit dem Ziel, Freiheit in der Gemeinschaft zu ermöglichen.

I. Zu gegenwärtigen Herausforderungen des Protestantismus

1.

Für die gesellschaftliche Präsenz und die politische Mitsprache des deutschen Protestantismus hat die Phase des Neuaufbaus der bundesrepublikanischen Demokratie nach 1945 und der ersten Jahrzehnte ihrer Konsolidierung eine größere Bedeutung als bisher oft angenommen wurde.[1] Hier bildet sich die öffentliche Rolle des Protestantismus aus, die auch für die Gegenwart stark bestimmend ist. Selbstverständlich wird diese zwar nicht völlig neu konstruiert, sondern in der Anknüpfung an überlieferte Traditionen und Rahmenbedingungen gefunden. Doch zeichnen sich in den nach dem Zweiten Weltkrieg gegebenen Rahmenbedingungen, in der differenzierten Zuordnung von individuellem, kirchlichem und gesellschaftlichem Protestantismus, in der Verflechtung von individuellem Glauben, kirchlichen Interessen im Rechts- und Sozialstaat und in der Wahrnehmung öffentlicher Verantwortung neue Herausforderungen für die öffentliche Wirksamkeit des evangelischen Christentums ab. In dem Willen, aus den Erfahrungen des Nationalsozialismus zu lernen, aber auch vor dem Hintergrund fortschreitender Modernisierung wird unübersehbar, dass die eingespielten Theoriemuster zur Bestimmung des Verhältnisses zwischen evangelischem Christentum und gesellschaftlicher Wirklichkeit nicht mehr ausreichen. Die gesellschaftlichen Innovationsdynamiken, die sich nach 1945 abzuzeichnen beginnen, sich nach 1989 beschleunigen und gegenwärtig im Horizont von Globalisierung und ihren Gegenbewegungen Probleme neuer Art aufwerfen, nötigen das evangelische Christentum zu einer Neuvermessung des Verhältnisses zwischen Glauben und politischer Lebensgestaltung.

---

[1] Dies ist ein wesentliches Ergebnis der Forschungen in der DFG-Forschergruppe 1765 «Der Protestantismus in den ethischen Debatten der Bundesrepublik 1949–1989», die derzeit nach und nach publiziert werden. Für erste Resultate vgl. www.for1765.evtheol.uni-muenchen.de/index.php/publikationen. Zudem: Christian Albrecht / Reiner Anselm (Hg.): Teilnehmende Zeitgenossenschaft. Studien zum Protestantismus in den ethischen Debatten der Bundesrepublik Deutschland 1949–1989 (Religion in der Bundesrepublik Deutschland 1), Tübingen 2015.

2.

Diese Neuvermessung vollzieht sich fraglos auf dem Boden der 1918 in Deutschland geschaffenen rechtlichen und organisatorischen Rahmenbedingungen, die bis heute das Koordinatensystem kirchlicher Selbstorganisation und des Verhältnisses zwischen Staat und Kirche bestimmen. Mit dem Ende der Staatskirche werden Prinzipien wirksam, die sich in den Verfassungen der einzelnen Landeskirchen ebenso widerspiegeln wie in der staatlichen Gesetzgebung. Die staatskirchenrechtlichen Regelungen, die in der Weimarer Republik gefunden wurden, gelten bis in die Gegenwart. Die entsprechenden Artikel der Weimarer Reichsverfassung wurden 1949 unverändert in das Bonner Grundgesetz übernommen. Auch die Gründung der Evangelischen Kirche in Deutschland (EKD) und der konfessionellen Verbände ist ein Teil dieses Neuorganisationsprozesses. Selbst wenn dieser erst nach dem Ende des Kirchenkampfes und der nationalsozialistischen Herrschaft in der Bonner Republik zum Abschluss gebracht werden konnte, hat er seinen Ausgangspunkt doch in der Trennung von Staat und Kirche 1918. In diese Perspektive passt sich nahtlos ein, dass es nach 1989 nicht zu einer grundlegenden Revision staatskirchenrechtlicher Regelungen oder kirchlicher Verfassungsprinzipien gekommen ist.

Trotz des Endes der staatskirchlichen Verfassung bleibt die Kirche eine Körperschaft mit staatsanalogen Strukturen. Ihre Loslösung aus dem landesherrlichen Kirchenregiment verleiht ihr das Selbstbewusstsein, sich jetzt wieder als kritisches Gegenüber zum Staat zur Geltung bringen zu können oder sogar als dessen Legitimationsinstanz zu fungieren. Dieses Selbstverständnis musste mit den Herrschaftsansprüchen des totalitären nationalsozialistischen Staates in Konflikt geraten und bildete insofern den Ausgangspunkt für den Kirchenkampf. Der in der Barmer Theologischen Erklärung von 1934 formulierte Anspruch, dass für die kirchliche Verfassung und alles kirchliche Handeln keine anderen Maßstäbe als die Offenbarung in Jesus Christus gelten dürften, ist die markanteste Umsetzung dieses Selbstbewusstseins.

Aus dem Kirchenkampf bezieht dieses Selbstbewusstsein eine neue Kraft und wird in der Koordinationslehre systematisch ausgearbeitet. Sie prägt nachhaltig das Verhältnis der Kirche zum Staat sowie die Selbstverortung der Kirche in der Gesellschaft. Auch wenn schon bei den Verfassungsberatungen 1948/49 die Rolle der Kirchen nicht unumstritten ist, bleibt doch angesichts des Orientierungsdefizits der Nachkriegszeit der Gedanke kirchlicher Autorität attraktiv. Während es in der DDR bei der Konfrontation zwischen Staat und Kirche bleibt, ist in der Bundesrepublik die Bereitschaft stark, dieses Selbstbewusstsein der Kirche anzuerkennen. Der Loccumer Vertrag von 1955 manifestiert dies und wird stilbildend für das Klima zwischen Kirche und Staat. Die politische Mitsprache der Kirchen vollzieht sich in diesem Rahmen und wird staatlich anerkannt.

Allerdings wird dieses Paradigma spätestens durch die ab der Mitte der 1960er Jahre einsetzenden Emanzipationsprozesse sowohl auf staatlicher als auf kirchlicher Seite porös. Das starke Autoritätsprinzip, aus dem die Koordinationsthese im Kern lebt, wird brüchig und durch Ansprüche der Partizipation infrage gestellt. Die Emanzipationsbestrebungen, die nun, ausgehend von den Vereinigten Staaten, die gesamte westliche Welt und darüber hinaus auch die ehemaligen Kolonialstaaten erfassen, führen auch im Protestantismus zu einer grundsätzlichen Umorientierung. Willy Brandts Slogan «mehr Demokratie wagen» artikuliert ein neues Selbstbewusstsein nicht nur der Bürger, sondern auch der sogenannten Laien in der Kirche. Das sichtbarste Zeichen dieses neuen Selbstbewusstseins ist im Bereich des Protestantismus der wieder erstarkte Kirchentag, dessen Teilnehmerzahlen sich zwischen 1973 und 1981 mehr als verzehnfachen. Gleichberechtigung und Partizipation treten an die Stelle des überkommenen Prinzips von Autorität und Amt. Bürger wie Kirchenmitglieder betrachten politische Stellungnahme und politische Verantwortung zunehmend als eine Angelegenheit des Einzelnen.

Diese Veränderungen sehen auf den ersten Blick unscheinbar aus, führen aber zu einer massiven Veränderung in der Architektonik des Protestantismus. Der Einzelne gewinnt einen neuen Rang. War die klassische Fokussierung des Protestantismus auf den Einzelnen bislang doch an Kollektiven – traditionell-dogmatisch gesprochen: an Ständen – orientiert, kommt es erst jetzt zu einer Aufwertung des Einzelnen als Individuum. Zwar hatte diese Aufwertung sich auch schon in Bezug auf das aufgeklärte Bürgertum gezeigt, doch jetzt verlässt sie den Bereich einer kleinen Elite und wird zu einer breiten Bewegung. Die schon für die Reformationszeit programmatische Feststellung, dass das Christentum sich im gleichberechtigten äußeren Zusammenhang eines kirchlichen, eines öffentlichen und eines individuellen Bereichs realisiert, wird grundlegend neu justiert: Aller anderslautenden Rhetorik zum Trotz hatte bislang eine Praxis dominiert, in der kirchliche und staatliche Amtsträger dem Einzelnen seinen Ort in der Gesellschaft zuwiesen. Nun wird ihm zugestanden und zugemutet, die Trias in sich selbst in einen inneren Zusammenhang zu bringen und sich zugleich als Staatsbürger, Kirchenmitglied und frommes Individuum zu verstehen. Der Einzelne will und soll nicht mehr in den ihm zugedachten Rollen – klassisch gesprochen: in dem Amt der Obrigkeit, des Klerikers, des Hausvaters – aufgehen, sondern diese Teilbereiche in sich selbst in einen Einklang bringen. Zugleich soll und muss er sein Handeln aus diesem Einklang heraus vollziehen. Dieser Prozess führt aber nicht lediglich zu einer Vervielfältigung individueller Positionen. Charakteristisch für diese Umorientierung im Protestantismus der Bundesrepublik ist vielmehr, dass die Zentralstellung des Individuums einhergeht mit der Aufgabe, die individuelle Zuordnung der drei Bereiche nicht nur exklusiv gelten zu lassen, sondern dabei immer auch die Perspektive anderer so mit einzubeziehen, dass diese sie auch übernehmen können.

Vor diesem Hintergrund werden die für den Öffentlichkeitsanspruch des Protestantismus der Gegenwart signifikanten Konstellationen plausibel. Aus der Tatsache, dass grundsätzlich jede und jeder eine individuelle Position formulieren kann und dabei zugleich den Anspruch erhebt, die Perspektive anderer mit einzubeziehen und für diese zu sprechen, resultieren Konflikte ebenso wie die Bemühungen um deren Ausgleich. Kennzeichnend sind der Wille und die Bereitschaft des Einzelnen, die ihm zugedachten Syntheseleistungen tatsächlich zu erbringen. Ebenso kennzeichnend ist die Notwendigkeit, dass der Einzelne sein frommes Bewusstsein, seine kirchliche Identität und seine staatsbürgerliche Verantwortung in einen konsistenten Lebens- und Handlungszusammenhang bringt, ohne eine der drei Dimensionen zu sistieren. Darin realisiert sich unter gegenwärtigen Bedingungen die für den christlichen Glauben konstitutive Absicht, im eigenen Glauben die Christuswirklichkeit in der Welt zur Geltung zu bringen. Um diese Aufgabe wird in jüngster Zeit mit zunehmender Verve gestritten, wie nicht zuletzt die Auseinandersetzungen um das Programm der Öffentlichen Theologie zeigen.

3.

Öffentlicher Protestantismus dient damit zur Beschreibung eines den Protestantismus als ganzen kennzeichnenden Bezuges zur Sphäre des Politischen. Dezidiert abgewiesen werden soll von vornherein das mögliche Missverständnis, es handele sich hier um eine konkret-empirische und klar eingrenzbare Erscheinungsform, gar um eine Sozialform des Protestantismus neben anderen – als gäbe es einen öffentlich erscheinenden und politisch wirksamen Protestantismus, neben dem andere Protestantismen existierten, etwa ein individueller Protestantismus als reine Innerlichkeitsreligion des Einzelnen oder ein kirchlicher Protestantismus als klar umgrenzte Form organisierten religiösen Gemeinschaftslebens. Solche Formen wird man empirisch kaum auffinden, und sie lassen sich auch theoretisch kaum begründen. Dementsprechend ist die eingespielte Unterscheidung zwischen individuellem, kirchlichem und gesellschaftlich-öffentlichem Protestantismus zu modifizieren und zu präzisieren. Sie zielt ja nicht auf material und sozial eingrenzbare Erscheinungsformen, gar von unterschiedlichen Akteuren getragen, sondern auf Dimensionen des Protestantismus als ganzem, der stets in der je eigenen

16

Mischung und in der wechselseitigen Justierung dieser drei Konstitutionselemente auftaucht und sich auch in einzelnen Akteuren in dieser Mischung konstituiert.

Es ist zwar möglich, dass eine der Dimensionen dominiert und andere bis an die Grenze der Unkenntlichkeit zurücktreten, gleichwohl bleibt diese Dreigliedrigkeit normativ als Distinktionskriterium unberührt. So dürfte, um ein Beispiel zu nennen, auch jemand, der sich als Protestant versteht, ohne aktuell am kirchlichen Leben teilzunehmen, von den Prägekräften evangelischer Kirchlichkeit bestimmt sein, sei es durch deren Präsenthaltung von biblisch-christlichen Sprachbildern und Symbolen, sei es durch kirchenamtliche Verlautbarungen oder anderes.

In allen Erscheinungsformen des Protestantismus dürften die Rückbindung an den Einzelnen, die Bezüge zur Kirche und die gesellschaftlich-politische Dimension identifizierbar sein, und zwar – das ist gerade die Pointe der Unterscheidung – stets in unterschiedlichen Mischungs- und Justierungsverhältnissen. Die evangelische Ärztin, deren frommer Respekt vor der Würde geschenkten Lebens sie dazu führt, in kirchlichen und politischen Diskussionen als Gegnerin der PID aufzutreten; die evangelische Kirchengemeinde, die in ihrer Flüchtlingsarbeit bislang Fernstehende in ihre Kreise integriert; die Stellungnahme von Diakonieverbänden zu Gesetzesentwürfen im Namen derjenigen, die selbst ihre Stimme nicht erheben können – all diese Phänomene lassen sich nicht einseitig einer rein individuell, rein kirchlich oder rein politisch auftretender Ausprägung des Protestantismus zurechnen, sondern sind gerade Ausdrucksformen unterschiedlicher Mischungen und Gewichtungen der drei stets zusammengehörigen Sphären des Protestantismus. Dasselbe anders gesagt: Individuelle Frömmigkeit im protestantischen Sinne führt immer auch Bezüge zu kirchlichen Gemeinschaftsformen mit sich und hat stets auch eine gesellschaftlich-politische Bedeutung, so wie protestantische Kirchlichkeit nur als Ausmittlung unterschiedlicher individueller Frömmigkeitsdispositionen mit dem Anspruch, diese öffentlich zur Geltung zu bringen, denkbar ist – und die gesellschaftlich-politische Relevanz des protestantischen Christentums realisiert sich erst darin, dass sie Allgemeinheitsansprüche als geschichtlich gewordene, in kirchlich-kommunikativen Diskursen gewonnene Ausmittlungen divergierender, auch konfligierender individueller religiöser Überzeugungen formuliert.

4.

Vergegenwärtigt man sich die einleitend angedeuteten Verschiebungen der Aufgabe, den Protestantismus als individuelle Frömmigkeit im kirchlichen

Rahmen zu öffentlicher Wirksamkeit zu bringen, so zeigt sich, dass die für die Charakterisierung des neuzeitlichen Christentums verwendete Trias von individuellem, kirchlichem und gesellschaftlichem Christentum zwar in vielerlei Hinsicht an die reformatorische Unterscheidung von drei Grundbereichen oder Ständen – dem *status ecclesiasticus,* dem *status politicus* und dem *status oeconomicus* – erinnert. Bei näherem Hinsehen wird jedoch deutlich, dass sich hinter dieser Aufnahme der drei Teilbereiche signifikante Transformationen verbergen. Diese wurzeln zwar in der Aufklärungsepoche, prägen sich aber erst in den 1960er Jahren so deutlich aus, dass sie dazu nötigen, den Protestantismus der Gegenwart neu zu verstehen. Für die reformatorische und altprotestantische Ständelehre war charakteristisch, dass die Ordnungen der Welt, der Kirche und der Familie vor allem als Strukturen begriffen wurden, die sich Gottes Gebot verdanken und in denen sich der göttliche Wille enthüllt. Sie erfüllen gesellschaftliche Notwendigkeiten, in deren Realisierung sich Gottes erhaltendes Wirken zeigt. Während die Aufgabe des *status oeconomicus* in der Vermehrung des menschlichen Geschlechts gesehen wird, hat sich der *status politicus* um dessen Verteidigung gegenüber inneren und äußeren Feinden zu kümmern. Der *status ecclesiasticus* schließlich hat die Funktion, zum ewigen Heil zu führen. Die Kirche, so ist es in der lutherischen «Normaldogmatik» festgelegt, umfasst die gesamte Gesellschaft – deren Stände sind nur Ausformungen der einen Kirche.

Charakteristisch für den neuzeitlichen Protestantismus ist nun, dass zunehmend das Individuum als Ort der göttlichen Offenbarung begriffen wird. Demgegenüber werden – parallel zu Prozessen der gesellschaftlichen Modernisierung – die Kirche und die Welt immer stärker als Aufgaben menschlichgeschichtlicher Gestaltung verstanden. Dies zeichnet sich in der Aufklärungszeit bereits ab und bestimmt insbesondere die theologisch-ethische Diskussion in der ersten Hälfte des 20. Jahrhunderts, in der das geschichtliche Gewordensein dieser Ordnungen herausgestellt wird. Dies gilt, in der lutherischen Tradition, gleichermaßen für Ernst Troeltsch, Erich Seeberg, Dietrich Bonhoeffer, Helmut Thielicke, Wolfgang Trillhaas und Trutz Rendtorff. Diese Tendenz kommt aber auch in der stärker durch die reformierte Tradition geprägten Barmer Theologischen Erklärung zum Ausdruck, wenn – unbeschadet der Distanz der reformierten Kirchen gegenüber dem Ordnungsgedanken – in deren fünfter These daran erinnert wird, dass nicht schon der Staat selbst Gottes Anordnung darstellt, sondern nur die von ihm wahrzunehmenden Aufgaben.

Die dem Protestantismus von seinen Anfängen an eingeschriebene Konzentration auf das Individuum gewinnt damit eine neue Zuspitzung. Das Individuum tritt ins Zentrum, ohne dass damit die Bereiche der Kirche oder

der Welt zurückgesetzt würden. Im Gegenteil wird dem Individuum die Aufgabe zugesprochen und zugemutet, Kirche und Welt in der Orientierung am individuell gewonnenen und verantworteten Verständnis des göttlichen Willens zu gestalten. Die beschriebene Veränderung zeigt sich an der raschen und immer wieder neuen Ausweitung des Kreises derjenigen, die als gleichberechtigte Subjekte christlicher Glaubenspraxis und Weltgestaltung gesehen werden. Kaum ein Phänomen zeigt dies so deutlich (und hat es zugleich so stark befördert) wie die veränderte Rolle der Frau in der Familie, der Kirche und der Gesellschaft: Sie tritt heraus aus den traditionellen Rollen und beansprucht, unter Wahrung der Geschlechterdifferenz, als gleichberechtigt angesehen zu werden. Rasch treten auch Jugendliche in diesen Kreis, bald darauf die Kinder und auch gesellschaftliche Randgruppen wie beispielsweise Migrantinnen und Migranten. Wie keine andere Religion nimmt der Protestantismus diesen Vorgang gesellschaftlicher Emanzipation auf und befördert ihn selbst, indem er ihn als eine Verwirklichung eigener Ideale begreift. So kommt, in der Wechselwirkung mit gesellschaftlichen Modernisierungsprozessen, nun die bereits von Friedrich Schleiermacher formulierte Eigentümlichkeit des Protestantismus voll zum Tragen, dass nicht schon derjenige fromm sei, der eine gottgegebene Kirche oder Welt respektiere, sondern erst derjenige, der sich selbst eine schaffen könne.

5.

Diese Zentralstellung des Einzelnen weist auf einen weiteren, bedeutsamen Punkt: ‹Der› Protestantismus ist nur als das Ensemble individueller Akteure greifbar. Das bedeutet, dass es ihn, auch als kirchlichen und politischen, stets nur in durch die jeweiligen Akteure vertretenen und dabei mit individuellen Prägungen versehenen Formen gibt. Diese Akteure rezipieren dabei nicht nur, gewissermaßen passiv, eine anderweitig formulierte Vorstellung von Protestantismus – sei es durch die Kirchen, sei es durch die akademische Theologie. Sie gestalten vielmehr unweigerlich ihre individuelle Form des Protestantismus. Ihre Positionierung ergibt sich häufig aus ihrer spezifischen Wahrnehmung der jeweiligen – kirchlichen, politischen, ökonomischen oder kulturellen – Gegenwartssituation. Diese Wahrnehmung kann durchaus unterschiedlich sein; die Bandbreite ist, als individuell sich konstituierende, naturgemäß groß. Stets gilt jedoch, dass die Wahrnehmung der kirchlichen oder gesellschaftlichen Gegenwart zugleich ein Spiegel individueller Frömmigkeit oder individuellen Glaubensbewusstseins ist – wie umgekehrt diese sich nur in der Wahrnehmung kirchlicher oder gesellschaftlicher Wirklichkeit ausformen. Traditionell und in dogmatischer Sprache gesagt: Darin bildet sich der für das Christentum charakteristische Zusammenhang von Transzendenz und Immanenz, von Menschwerdung und Erhöhung ab. Auf die Betonung der unauflöslichen Spannung zwischen diesen beiden Polen, auf ihre Zusammengehörigkeit bei gleichzeitiger Unverrechenbarkeit, legten die Reformatoren größten Wert. Sie führt zu einer Bewegung, die für die Weltwirksamkeit des Protestantismus konstitutiv ist, aber erst in der Gegenwart, unter den Bedingungen der Individualisierungs- und Pluralisierungsschübe der Moderne, ihre volle Dynamik entfaltet. Aus dieser Konstellation ergibt sich eine zentrale Aufgabe der Theologie im Protestantismus der Gegenwart: Sie besteht nicht darin, einzelne Ausformungen des Glaubens präsent zu halten oder lehrmäßig aufzubereiten, sondern der Verabsolutierung oder Verallgemeinerung individueller Positionen dadurch vorzubeugen, dass sie diese in den kommunikativen Zusammenhang bringt.

Für die beschriebene Zentralstellung des Einzelnen ist also charakteristisch, dass sie nie nur in einer abgekapselten frommen Individualität zur Geltung kommen kann und soll, sondern Bezüge zur Kirche und zur politisch-gesellschaftlichen Wirklichkeit in sich trägt. Diese Bezüge bestehen als ein konkretes Partizipations- und Gestaltungsinteresse im Blick auf die Kirche und die gesellschaftlich-politische Wirklichkeit. Das Interesse richtet sich auf deren empirische Sozialformen und vollzieht sich innerhalb ihrer Handlungsfelder. Die Vorstellung, dass es einen individuellen Protestantismus ohne jeden Bezug zur Kirche oder abgelöst von gesellschaftlichem Interesse geben könnte, ist ein Missverständnis der eingespielten Differenzierung zwischen individuellem, kirchlichem und gesellschaftlichem Christentum: Sie sind zwar zu unterscheiden, aber nicht zu trennen. Der in der Lehre formulierte Zusammenhang von Schöpfungs-, Versöhnungs- und Erlösungsglaube bringt diesen Sachverhalt in dogmatischer Terminologie zum Ausdruck. Ebenso profilieren die neutestamentlichen Schriften die Verkündigung Jesu immer auch in ihrem Gemeinschafts- und Weltbezug. Die reine Politisierung wird hier ebenso abgewehrt wie die reine Vergemeinschaftung oder die ausschließliche Innerlichkeit. In der Tat zeigen Forschungen zur Geschichte des Protestantismus in der Nachkriegszeit, dass ein solcher, von den kirchlichen und gesellschaftlichen Bezügen vollständig abgekapselter, individueller Protestantismus empirisch nicht aufzufinden ist.[2] Parallel dazu zeigen die in Deutschland seit 1972 regelmäßig durchgeführten kirchlichen Mitgliedschaftsuntersuchungen im Längsschnittvergleich, dass Formen individueller Frömmigkeit, die den Bezug zur Sozialform Kirche abzuschneiden versu-

---

[2] Vgl. dazu insbes.: Christian Albrecht / Reiner Anselm: Der bundesdeutsche Nachkriegsprotestantismus. Erste Umrisse, in: dies. (Hg.): Teilnehmende Zeitgenossenschaft, S. 387–395.

chen, nach relativ kurzer Zeit verschwinden.[3] Dass es eine ausschließlich an der kirchlichen Form orientierte Glaubensweise im Protestantismus ebenso wenig geben kann wie die alleinige Abzweckung des Glaubens auf die politische Aktion, gehört von den reformatorischen Anfängen an zum Selbstverständnis des Protestantismus. Inzwischen muss auch die Einsicht in die konstitutive Kirchen- und Weltbezogenheit individueller Frömmigkeit in dieses Selbstverständnis aufgenommen werden. Die Vorstellungen eines Protestantismus ohne Kirche oder eines anonymen Protestantismus verbieten sich ebenso wie die Vereinnahmung derjenigen, die sich in bewusster Distanz zur Kirche halten.

Der Kirchenbezug ist mithin essenziell. Allerdings entspricht es der Individualität der Frömmigkeitspraxis, dass dieser Bezug ganz unterschiedliche Formen und Haftpunkte findet – sei es als Rekurs auf einen generell kirchlichen Protestantismus, der die christlich-kirchliche Symbolsprache präsent hält, auf einen Verlautbarungsprotestantismus, auf einen landeskirchlichen oder auch auf einen gemeindlichen Protestantismus einschließlich der vielen Phänomene, die zu diesem gerechnet werden müssen.

Ebenso unverzichtbar ist der Bezug auf die Weltgestaltung. Trotz der auch in dieser Hinsicht gegebenen Vielgestaltigkeit, die aus der individuellen Frömmigkeitspraxis resultiert, gibt es hier eine stärkere Fokussierung. Ungeachtet der in den letzten Jahren stärker geführten Debatte um das zivilgesellschaftliche Engagement lässt sich die gesellschaftspolitische Dimension des Protestantismus begreifen als Aktivität, die durch politischen Entscheidungsbedarf induziert wird. Dagegen sollten Erscheinungsformen protestantischer Kulturpraxis nicht zu diesem Bereich gerechnet werden. Sie dürften sich bei näherem Hinsehen viel besser als besondere Ausformungen von Interessen des kirchlichen oder individuellen Protestantismus verstehen lassen.

Nicht zuletzt hilft die Unterscheidung der drei Dimensionen, in denen sich der Protestantismus artikuliert, zum Verständnis verschiedener, auf den ersten Blick nur schwer in Verbindung zu bringender Präsenz individueller und überindividueller protestantischer Akteure. So sehr sie sich als Protestan-

---

3   Siehe vor allem Heinrich Bedford-Strohm / Volker Jung (Hg.): Vernetzte Vielfalt. Kirche angesichts von Individualisierung und Säkularisierung. Die fünfte EKD-Erhebung über Kirchenmitgliedschaft, Gütersloh 2015. Zu den Deutungen der fünften Kirchenmitgliedschaftsuntersuchung: Gerhard Wegner: Wen nimmt die Kirche wahr? Anerkennungskämpfe im Kontext der 5. Kirchenmitgliedschaftsuntersuchung der EKD, in: Verkündigung und Forschung 61 (2016), S. 141–152. Zur Instabilität individueller Formen der Frömmigkeit vgl. Detlev Pollack: Deinstitutionalisierung des Religiösen und religiöse Individualisierung in Ost- und Westdeutschland, in: ders.: Säkularisierung – ein moderner Mythos? Studien zum religiösen Wandel in Deutschland, Tübingen 2003, S. 149–182.

ten durch das Beieinander der drei genannten Dimensionen beschreiben lassen, so sehr identifizieren sie die jeweils unterschiedlichen Dominanzen der kirchlichen, gesellschaftspolitischen oder der individuellen Dimension in ihren jeweils spezifischen Aktionsformen, Interessen und Präferenzen. Einzelne Personen, selbst überindividuelle Akteure sind darin verbunden und miteinander trotz aller Differenzen vermittelbar, dass in ihnen jenes kirchliche, gesellschaftspolitische und individualbezogene Interesse zwar in immer anderer Gewichtung erscheint, jedoch alle drei Dimension stets präsent sind. Hier lassen sich nicht nur Einzelne wie zum Beispiel Gustav Heinemann, Joachim Gauck oder Wolfgang Huber und Katrin Göring-Eckardt einzeichnen, sondern auch Organe wie etwa die Zeitschrift «zeitzeichen», der Evangelische Kirchentag oder die Arbeitsgemeinschaft der evangelischen Jugend.

6.

Die Tatsache, dass der kirchliche Bezug und die gesellschaftspolitische Stellungnahme sich nie anders als in individueller Form realisieren, mithin die individuelle, die kirchliche und die gesellschaftspolitische Dimension des Protestantismus notwendig miteinander verbunden sind, hat eine weitere Konsequenz. Die protestantische Praxis bleibt unhintergehbar an das Individuum gebunden, weshalb es diese Praxis immer nur in vielgestaltiger Weise geben kann. Dass diese pluralen Praxisformen aber zugleich auf die Kirche als Gemeinschaft bezogen sind und sich in ihr entfalten, markiert zugleich die Grenze der Pluralität. Als Grund und Grenze bedeutet die Individualität also die Relativierung von Verbindlichkeitsansprüchen. Dazu passt es, dass die individuellen Ausdrucksgestalten protestantischer Religiosität weder von den Trägern selbst noch von anderen mit dem Anspruch allgemeiner Verbindlichkeit versehen werden. Das bedeutet, dass jede Form des individuellen Protestantismus immer nur die subjektive Form der Bezugnahme auf den kirchlichen Protestantismus sein kann und dass alle möglichen Einflussnahmen des individuellen Protestantismus auf die Sphäre des Politischen immer nur als vermittelte Einflussnahme zustande kommen können. Deren Effekt freilich besteht darin, dass das spezifisch protestantische Element nie als die Verallgemeinerung einer individuellen Position, sondern immer als Konstruktion einer überindividuell zustimmungsfähigen und tragbaren Position formuliert werden muss. Sowohl für die politischen Überzeugungen als auch für das Verhältnis zwischen dem individuellen Glauben und dessen kirchlichüberindividueller Ausdrucksform hat diese Struktur ambivalente Konsequenzen. Sie ist zunächst freiheitsdienlich, insofern in ihr die aufklärerische Unterscheidung zwischen öffentlicher und privater Religion nachklingt. Deren Funktion war und ist es, einer Überforderung des individuellen Glaubens entgegenzutreten, die die Anforderung mit sich bringen müsste, die eigene Überzeugung stets als ein Privates öffentlich vorzutragen. Aussagen über den Glauben und die politische Orientierung müssten dann notwendig immer den Charakter des Bekenntnisses annehmen und unter Authentizitätszwang erfolgen. Dagegen sichert die Einbettung des Einzelnen in die kommunikativen und sozialen Zusammenhänge und mit ihr die Notwendigkeit, die eigene Überzeugung immer im Modus der Vermittlung zum Ausdruck bringen zu müssen, auch den Schutz des Individuums. Er kann sich in seiner Positionierung an andere anschließen, ohne seine innerste Überzeugung öffentlich machen zu müssen und so gewissermaßen als Persönlichkeit frei bleiben. Die Kehrseite dieser Freistellung vom privaten Authentizitätszwang ist allerdings, dass Verbindlichkeit nicht mehr durch solche individuellen und darin die Einzelnen unmittelbar verpflichtenden Bekenntnisakte gewonnen werden kann, sondern nur als Ergebnis von Ausmittlungsprozessen. Die Tatsache, dass allgemeinverbindliche Positionen stets solche Ergebnisse von Ausmittlungsprozessen darstellen und nicht bereits mit dem Glauben als Eindeutigkeiten gegeben sind, stellt eine besondere und noch zunehmende Herausforderung für den zeitgenössischen Protestantismus dar.

Verschärft wird diese Herausforderung durch Verschiebungen im Verständnis der Öffentlichkeit. Für den Protestantismus in seiner Formierungsphase konnte gelten, dass dasjenige Allgemeine und Verbindende, das mit der Öffentlichkeit gemeint ist, durch die vorgegebenen und darin gottgegebenen Hierarchien repräsentiert wird. Das Allgemeine war darin also gerade keine Größe, die sich aus der adäquaten Gewichtung aller verfügbaren Partikularinteressen aufbaute, sondern es stand vorab fest und wurde von den dafür eingesetzten Ordnungen und Amtsträgern zur Darstellung gebracht. Daher gilt dann auch, dass das «öffentliche Lehren», von dem die Confessio Augustana im Artikel XIV spricht, eine ordentliche Berufung zur Voraussetzung haben muss, die genau diese Repräsentanz des Allgemeinen zum Ausdruck bringt. Dieser Gedanke, dass die Kirche und insbesondere deren Repräsentanten für das Allgemeine stehen, ist bis heute wirkmächtig und tief in das Selbstverständnis kirchlicher Amtsträger eingeprägt. Dabei gerät in den Hintergrund, dass dieses hier angeblich repräsentierte Allgemeine von Voraussetzungen abhängt, die unter modernen Bedingungen so nicht mehr gegeben sind. Inzwischen kann das Allgemeine längst nicht mehr als eine prästabil vorgegebene und darum nur der Darstellung bedürftige Größe gelten. Vielmehr wird es in mühsamen Prozessen gewonnen und besteht nicht anders als im Modus dieser Anstrengungen um seine Herstellung. Das ist das Ergebnis einer Entwicklung, die in der Aufklärung ihre Wurzeln hat. Hier entsteht ein Typus der Repräsentation des Allgemeinen, der sich aller obrigkeitlichen Normierung entzieht – der staatlichen ebenso wie der kirchlichen. Stattdessen ist er das Ergebnis kollektiver Anstrengungen. Nicht zuletzt geht diese Entwicklung einher mit der immer stärkeren Bedeutung, die der Einzelne gewinnt – bis dahin, dass das individuelle Christentum in die beschriebene Zentralstellung einrückt. Obwohl es sich dabei um die Realisierung reformatorischer Ideale handelt, führten diese Verschiebungen in der Konstitution des Allgemeinen zum Konflikt mit der Kirche. Jetzt wird Öffentlichkeit zum Synonym für Allgemeinheit. Das bedeutet aber auch einen scharfen Einspruch gegen kirchliche Normierungsversuche, wie sie sich in der Religions- und Kirchenkritik des 19. Jahrhunderts etwa bei Karl Marx und Friedrich Nietzsche ausdrückt. Die Orientierung an kirchlichen Normen musste vor diesem Hintergrund als ein die Macht der Vernunft eingrenzender Rückfall in autoritäre Strukturen erscheinen. Hinzu kommt die gleichzeitige Steigerung der Bedeutung und Vielgestaltigkeit des Individuellen dadurch, dass das Private sich herausbildet und sogar als souveräne Selbstermächtigung programmatisch zum Fokus der Ethik wird, wie zum Beispiel bei Friedrich Nietzsche.

Das darin enthaltene Problem für den Protestantismus bestand darin, dass er einerseits – in seiner Zentrierung auf das Individuum – die Entstehung des Privaten einschließlich aller beschriebenen Folgen für die Konstitution des Allgemeinen beförderte, andererseits den Anspruch auf Normierung des Allgemeinen und Öffentlichen nicht preisgeben konnte. In der Aufnahme reformatorischer Traditionen (wie etwa Luthers Ablehnung der Winkelmessen) verwirft der Protestantismus die privatistische Aneignung des Allgemeinen, hat dabei aber das Problem, dass er keine Instanz mehr findet, die das Allgemeine jenseits seiner Konstruiertheit konstituieren sollte – unter neuzeitlichen Bedingungen fallen die alten Instanzen wie Offenbarung, Schrift oder Kirche ebenso aus wie die theologische Wissenschaft, der die Dogmatik der Altprotestantischen Orthodoxie noch diese Funktion zugeschrieben hatte. Aus dieser Konstellation entsteht eine dauerhafte Aufgabe für den Anspruch des Protestantismus auf Repräsentanz des *bonum commune,* die bis heute ungelöst ist. Einerseits gilt dem Protestantismus der Staat als die Instanz, die die Aufgabe hat, kirchliche Vorstellungen des öffentlichen Wohls oder moralisch-sittlicher Standards durchzusetzen. Andererseits vermag der Protestantismus umstandslos alte Reflexe der Staatskritik aufzurufen, wenn staatliche Regulierungsinteressen und kirchliche Vorstellungen in Konflikt geraten.

Auf die beschriebenen Verschiebungen im Begriff der Öffentlichkeit als eines konstruierten Allgemeinen reagierte der Protestantismus zunächst ablehnend mit einer theologischen Restauration. In dem Maße, in dem das aufgeklärte Bürgertum einen eigenen Begriff von Allgemeinheit und Öffentlichkeit ausarbeitete, griff die theologische Sozialethik auf das Konzept der Schöpfungsordnungen zurück, mit denen man die angeblich destruktive Macht der bürgerlichen Vernunft einhegen wollte. Einen stillen Bündnispartner hatte dieses Denken in der konservativ-idealistischen Staatskonzeption Hegels. Ihm galt allein der Staat, nicht das räsonierende Bürgertum als Hort der wahren Öffentlichkeit und Allgemeinheit.[4] Gemeinsam ging es beiden Theoriemustern – dem Gedanken der Schöpfungsordnungen wie dem Gedanken der im Staat realisierten Allgemeinheit – darum, die Komplexität öffentlicher Meinungsbildung zu reduzieren. Die Konflikte ergaben sich dann vorrangig aus der Frage, welcher Repräsentation des Öffentlichen und des Allgemeinen der Vorrang zukommen sollte.

Diese Figuration bestimmt bis heute den sozialethischen Kurs der Kirchen. In erster Linie ist stets der Staat der Ansprechpartner, wenn es um das öffentliche Wohl, um die Wahrung der Interessen der Allgemeinheit oder die Durchsetzung entsprechender moralisch-sittlicher Standards geht. An der Debatte um die soziale Gerechtigkeit lässt sich das gut verdeutlichen. Hier gilt nach wie vor der Staat als die Instanz, die in besonderer Weise geeignet ist, eine gerechte Verteilung der Güter im Gegenüber zu den partikularen Interessen der einzelnen Bürgerinnen und Bürger sicherzustellen. Der Sozialstaat, der jedem seinen Platz zuweist und dabei Ungleichheiten abzufedern versucht, genießt nach wie vor hohe Zustimmung. Dem entspricht, dass ein im Grunde beständig wachsender Anteil am Bruttosozialprodukt durch staatliche Regelungen umverteilt wird. Der allgemein wachsende Wohlstand konnte dabei in der Vergangenheit eine Zeit lang überspielen, dass diese staatliche soziale Gerechtigkeit mit massiven Eingriffen in die persönlichen Eigentumsrechte einhergeht. Sobald jedoch die wirtschaftliche Lage schwieriger wurde, musste dies notwendig zu Konflikten führen. Denn nun wurde deutlich, dass der moderne Staat – wie alle Individuen – selbst bestimmten Interessen folgt und nicht nur das Gemeinwohl im Auge hat. Indem der moderne Staat damit Medium und Ort der Realisierung des Gemeinwohls ist und durchaus regulatorische Funktionen übernehmen kann, selbst aber nicht die Instanz einer programmatischen Konzeption des Gemeinwohls sein kann, stellt sich für den gegenwärtigen Protestantismus die Frage nach den eigenen Gemeinwohlfunktionen in neuer und drängender Weise.

---

[4] Georg Wilhelm Friedrich Hegel: Grundlinien der Philosophie des Rechts, in: ders.: Werke in 20 Bänden, Bd. 7, Frankfurt am Main 1986, S. 483 (=§ 316).

II.   Zur Kritik der Öffentlichen Theologie

1.

Auf die beschriebenen Problemkonstellationen reagiert gegenwärtig am prominentesten das Programm der Öffentlichen Theologie. Öffentliche Theologie (oder auch *Public Theology*) ist eine vor etwa dreißig Jahren entstandene, gleichermaßen in Südafrika, Großbritannien, Deutschland und den USA wurzelnde Bewegung.[1] Ihr Ziel besteht in einem Protestantismus, der sich nicht auf eine fromme Innerlichkeit zurückzieht oder zurückdrängen lässt, sondern sich aktiv für das *bonum commune* engagiert. Darum vertritt sie einen sich einmischenden Protestantismus, der die politischen und ethischen Streitfragen der Zivilgesellschaft im Lichte religiöser und theologischer Traditionen reflektiert. Als Reaktion auf die Emanzipationstendenzen und in Aufnahme der Partizipationsbestrebungen der Moderne, aber auch in Rücksicht auf die Modernisierungsverlierer und die Opfer menschenverachtender Systeme legt sie das Augenmerk besonders auf die Anwaltschaft für die Schwachen. Im Anschluss an die Zentralstellung des Versöhnungsgedankens bei Bonhoeffer profiliert sie die Kirche als Idealbild und als Anwältin einer versöhnten Gesellschaft. Diese Versöhnung hat eine doppelte Stoßrichtung: Sie zielt auf Emanzipation bei gleichzeitiger Vermeidung möglicher desintegrierender Nebenfolgen. Das Wissen um die möglichen Sprengkräfte individueller Freiheit für die gesellschaftliche Kohäsion lässt die Öffentliche Theologie darum zugleich die Notwendigkeiten von freiheitssichernden gesellschaftsregulierenden Ordnungsstrukturen betonen: «Christliche Freiheit ist nicht allein als Bestimmung der Person in ihrer Individualität und Innerlichkeit auszulegen, sondern sie ist zugleich auszulegen in ihrer Bedeutung für den Bereich gesellschaftlicher Institutionen.»[2]

Die deutsche Ausprägung der Öffentlichen Theologie verdankt sich insbesondere der Lernerfahrung, dass die Kirche im Nationalsozialismus ihre Stimme denen hätte leihen sollen, die vom Regime zum Schweigen gebracht

---

[1]   Vgl. dazu: Florian Höhne: Öffentliche Theologie. Begriffsgeschichte und Grundfragen, Leipzig 2015. Dass Begriff und Konzept der Öffentlichen Theologie nicht einheitlich sind, lässt sich unter anderem ablesen an Ulrich H. J. Körtner: Aufgabe und Gestalt von Öffentlicher Theologie, in: Miriam Rose / Michael Wermke (Hg.): Religiöse Rede in postsäkularen Gesellschaften, Leipzig 2016, S. 183–201. Körtner entwickelt hier ein ganz eigenes Verständnis der Öffentlichen Theologie als Theologie in der Diaspora. Siehe ferner Florian Höhne / Frederike van Oorschot: Grundtexte Öffentliche Theologie, Leipzig 2015.

[2]   Wolfgang Huber: Von der Freiheit. Perspektiven für eine solidarische Welt, München 2012, S. 60.

worden waren und dass sie der Verbannung der Religion aus der Öffentlichkeit ins Private zu wenig Widerstand entgegengesetzt hatte. Die Barmer Theologische Erklärung, deren zweiter Artikel den Öffentlichkeitsanspruch des Evangeliums festhält, ist darum zur Magna Charta der Öffentlichen Theologie geworden. Die Kirche ist nicht ein privater Verein zur Pflege der Seelen ihrer Mitglieder, sondern Organ des göttlichen Anspruchs auf das ganze Leben in der Welt. Alfred de Quervain, der wohl als erster den Begriff Öffentlichkeitsanspruch prägte, ging sogar noch einen Schritt weiter und sah in diesem Anspruch das kirchliche Äquivalent zu den neutestamentlichen Aussagen über die Allmacht Jesu Christi. Die Kirche und in ihr die Predigt bildet daher auch die wahre Öffentlichkeit, die das politische Handeln akzeptiert, ihr aber zugleich auch den Ort zuweist und vor allem jegliche Allmachtsansprüche des Staates relativiert.[3]

Vorrangige Themen, oder genauer: Reflexionsparadigmen der Öffentlichen Theologie, sind heute Fragen der sozialen Gerechtigkeit, Herausforderungen der Globalisierung und der Migration, ökologische Umorientierung, ethische Probleme der Biotechnologie und Probleme der Anwendung militärischer Gewalt in Krisengebieten. Stets besteht der Anspruch darin, die humanen, sozialen, ausgleichenden Orientierungskräfte der christlichen und biblischen Überlieferung in den ethisch relevanten politischen und gesellschaftlichen Debatten zur Geltung zu bringen. Versteht die Öffentliche Theologie sich dezidiert als eine Basisbewegung, so hat sie in Deutschland inzwischen zahlreiche Anhänger in der theologischen Wissenschaft und in den Kirchenleitungen.

Diese deutsche Variante der Öffentlichen Theologie hat sich in der alten Bundesrepublik herausgeschält in der Abgrenzung von Verfechtern der unmittelbaren politischen Aktion im Namen des Christentums einerseits, und andererseits von einem theologisch wie politisch liberalkonservativen Programm, demzufolge die protestantische Ethik Hilfen zur Urteilsbildung bereithalten, aber keine fertigen Urteile fällen sollte. Während das erste Lager inzwischen weitgehend verstummt ist, melden sich im zweiten kritische Einwände gegen die Öffentliche Theologie. Sie richten sich nicht gegen die Betonung der politischen Dimension des Christentums oder gegen die protestantische Bereitschaft zur Übernahme von Verantwortung für die politische Gestaltung des Gemeinwesens. Sie stellen aber die Frage, ob die Lernerfahrungen aus totalitären Systemen ohne Weiteres als Anspruch auf Anwaltschaft und Wächteramt der Kirche umzusetzen sind, obwohl doch im Verfassungsstaat der Christ Bürger ist und nicht Untertan.

---

[3] Alfred de Quervain: Der Öffentlichkeitsanspruch des Evangeliums, Zürich 1938.

2.

Charakteristisch für das Programm der Öffentlichen Theologie ist ihr Gespür für das durch die Reformatoren angestoßene und im neuzeitlichen Protestantismus ausgearbeitete Ineinander der individuellen, kirchlichen und gesellschaftsbezogenen Dimensionen des Christentums. Dabei mag durchaus umstritten sein, ob das vielfach verwendete Begründungsnarrativ zutreffend ist, die Kirchen hätten deswegen im Gegenüber zum nationalsozialistischen Staat versagt, weil sie sich zu sehr auf die Innerlichkeit des Glaubens konzentriert und die politische Aktivität vernachlässigt hätten. Vieles spricht dafür, dass eher das ungeklärte Verhältnis zum Rechtstaat und zur Demokratie aufgrund einer zu großen Betonung der Sündhaftigkeit des Einzelnen für dieses Versagen verantwortlich war. Den Deutschen Christen mangelte es jedenfalls nicht am Willen zur politischen Positionierung der Kirchen. Unumstritten ist aber, dass die Totalitarismen des 20. Jahrhunderts jeweils darum bemüht waren, die Religionen in die Privatsphäre abzudrängen. Da dies mit dem Anspruch des Protestantismus kollidiert, sich nicht nur im Blick auf individuelle Frömmigkeit oder eine kirchliche Gemeinschaftsbildung, sondern eben auch im Bereich des Politischen auszuwirken, bringt die Öffentliche Theologie hier das spezifische Profil des Protestantismus prononciert zur Geltung. Und das gilt nicht nur im Gegenüber zu Totalitarismen, sondern auch gegenüber einer – ob aufgenötigten, ob selbst gewählten – Interpretation der Säkularisierung, die den Protestantismus nur auf den Bereich individueller, allenfalls noch kommunitärer Sinnsuche reduzieren will. Die Kritik, mit der Wolfgang Schäuble Anfang 2016 anlässlich des bevorstehenden Reformationsjubiläums die Öffentliche Theologie als reformationsvergessen bezeichnet hat, geht daher in die Irre. Vor dem Hintergrund einer von ihm diagnostizierten Fixierung des Protestantismus auf das politische Engagement beklagt er, der evangelischen Kirche drohe der «spirituelle Kern» abhandenzukommen, ohne den «die bestgemeinte politische Programmatik schal und ihr selbstgestecktes Ziel [...] unerreicht» bleibe. Es entstehe der Eindruck, «als gehe es in der evangelischen Kirche primär um Politik, als seien politische Überzeugungen ein festeres Band als der gemeinsame Glaube». Schäuble bestreitet nicht, dass Religion politisch sein müsse, doch sollte sie, «um politisch zu sein, erst einmal Religion sein».[4]

Die Diagnose Schäubles, dass der Protestantismus, der der Öffentlichen Theologie vor Augen steht, sich auf politische Fragen konzentriere, ist zwar

---

[4] Wolfgang Schäuble: Das Reformationsjubiläum 2017 und die Politik in Deutschland und Europa, in: Pastoraltheologie 105 (2016), S. 44–53, S. 46. Vgl. jetzt auch ders.: Protestantismus und Politik, München 2017.

richtig; die Grundlage, von der aus er diese Schwerpunktsetzung kritisiert, ist es aber nicht. Der christliche Glaube ist immer politisch. Er entfaltet schon im biblischen Zeugnis seine Kraft nur, weil er sich mit einer politischen Metaphorik verbindet. Begriffe wie Reich Gottes, Gerechtigkeit, Gnade lassen sich als religiöse Begriffe nur verstehen und deuten, weil sie an entsprechende Erfahrungen im Raum des Politischen anknüpfen können. Das Christentum ist von seinen Anfängen her keine Religion der Innerlichkeit, sondern der Weltgestaltung. Diese Weltgestaltung vollzieht sich zunächst im Kleinen. Die jungen christlichen Gemeinden sind für das heidnische Umfeld gerade deshalb attraktiv, weil sie andere Umgangsformen untereinander und im Gegenüber zu ihren Mitmenschen pflegen. Mit dem Aufstieg des Christentums zur Mehrheitsreligion setzt sich dieser Zug der Weltgestaltung fort. Allen Konflikten und Uneindeutigkeiten zum Trotz wird der Versuch unternommen, eine christlich geprägte Gesellschaftskultur zu etablieren. An diese Absicht knüpft die Öffentliche Theologie an und zielt darauf, sie unter gegenwärtigen Bedingungen zu aktualisieren. Aus dieser Anknüpfung resultiert in manchen Stellungnahmen eine nicht unproblematische Neigung zu recht unmittelbaren biblischen Argumentationen, kurzschlüssigen Folgerungen oder weltfremden Forderungen im predigtartig moralisierenden Ton. Wer das kritisiert, muss sich freilich den Gegeneinwand gefallen lassen, dass Auswüchse, Verflachungen und Vereinfachungen eines jeden Programms noch nicht gegen dieses selbst sprechen.

Johannes Fischer hat jüngst den Vorwurf von Wolfgang Schäuble wiederholt, ihm aber eine etwas andere Zuspitzung gegeben. Seiner Auffassung nach vernachlässigt die Öffentliche Theologie das individuelle Christentum. Ihre Weltorientierung gehe zu sehr zu Lasten einer Pflege der Traditionsbestände, die für das Gewinnen eines eigenen Glaubens und einer eigenen Frömmigkeit notwendig sind. So aber drohe der Protestantismus seine unverzichtbaren, dem Individuum Orientierung stiftenden Grundlagen zu verlieren und sich nur mehr politischen Einschätzungen auszuliefern. Zudem werde nun das Proprium von Glaube und Frömmigkeit auf dem Gebiet der Ethik gesucht – eine Schwerpunktsetzung, die letztlich gerade vor dem Hintergrund reformatorischer Überzeugungen als problematisch erscheint. Aus der von Bonhoeffer geforderten Weltorientierung des Protestantismus werde nun die Auslieferung an deren Regeln.[5]

Fischers Kritik wäre dann voll zuzustimmen, wenn die Öffentliche Theologie die Weltorientierung tatsächlich in einen ausschließenden Gegensatz

---

[5] Johannes Fischer: Gefahr der Unduldsamkeit. Die «Öffentliche Theologie» der EKD ist problematisch, in: zeitzeichen 17 (2016), Heft 5, S. 43–45.

zum individuellen Christentum bringen würde. Allerdings ist fraglich, ob statt eines Gegensatzes nicht eher eine Gewichtsverlagerung zu erkennen ist. Und für den Protestantismus ist es durchaus charakteristisch, dass sich unbeschadet der Zentralstellung des Individuellen das Mischungsverhältnis zwischen individuellem, kirchlichem und gesellschaftlichem Christentum wandeln kann – solange gewährleistet ist, dass sie einander wechselseitig justieren. Darum können die Vertreter der Öffentlichen Theologie diese Gewichtsverlagerung durchaus konzedieren und die gesellschaftliche und politische Verantwortung gerade als Mittel gegen die Marginalisierung von Kirche und persönlicher Frömmigkeit in der Gegenwart profilieren. Die Zukunft des evangelischen Christentums, so betonen sie, entscheide sich wesentlich an seiner öffentlichen Präsenz und diese sei daher die notwendige Voraussetzung für die Möglichkeit lebendiger individueller und kirchlicher Lebensformen. Gleichwohl formuliert die Kritik Johannes Fischers einen Prüfposten. Aus ihr lässt sich die Aufgabe ablesen, das Mischungsverhältnis zwischen der Pflege individueller Frömmigkeit, einer Beschäftigung mit Fragen der Gesellschaftsgestaltung und einem Bezug zu den kirchlichen Praktiken durch alle historischen Wandlungen hindurch in feiner Austariertheit zu erhalten, ohne dass eine der Größen vernachlässigt oder über Gebühr dominieren würde. Darüber hinaus besteht Anlass zur kritischen Rückfrage, ob die Öffentliche Theologie in der Lage ist, die von ihr reklamierte Eindeutigkeit der Orientierungskriterien für ethische Entscheidungen und politische Positionierungen tatsächlich sicherzustellen.

Denn schwerer zu entkräften ist der Einwand, dass in der Öffentlichen Theologie entgegen ihrem eigenen Anspruch nicht christliche Überzeugungen politisch orientierend wirken, sondern eher politische Positionen und theologische Stellungnahme in ein anderes Verhältnis gerückt werden. Statt, wie es jüngst Heinrich Bedford-Strohm formulierte, in einem «aufklärerischen Interesse»[6] politische Positionen in den gesellschaftlichen Diskurs einspielen und sich an der Suche nach der politisch angemessenen Lösung beteiligen zu wollen, bestehe, so der Einwand, die Gefahr einer religiösen Aufwertung bestimmter politischer Positionen, die als christentumsgemäß sakralisiert werden. Die Öffentliche Theologie beteilige sich zwar an politischen Debatten, nehme aber im Gestus «eines radikalen moralischen Universalismus»[7] besondere und vor allem der Diskussion enthobene religiöse Legitimationsgründe

---

6   Heinrich Bedford-Strohm: Fromm und politisch. Warum die evangelische Kirche die Öffentliche Theologie braucht, in: zeitzeichen 17 (2016), Heft 9, S. 8–11.

7   Günter Thomas: Wiederkehr des Tragischen. Zur Reichweite von Verantwortung und Macht angesichts der Flüchtlingskrise, in: zeitzeichen 17 (2016), Heft 8, S. 12–15.

für ihre politischen Präferenzen in Anspruch. Schwer zu entkräften ist der Einwand deswegen, weil damit tatsächlich eine wesentliche Absicht der Öffentlichen Theologie getroffen ist, nämlich: zu demonstrieren, dass das Christliche das politisch Vernünftige und Richtige ist. Religiöse Überzeugungen, theologische Überlegungen oder biblische Schriften sollen ja gerade als allgemein verbindliche, normativ gehaltvolle Orientierungspunkte in der pluralen Gesellschaft zur Geltung gebracht werden. In dieser Perspektive droht das Aufklärungsinteresse auf den Kopf gestellt zu werden: Nicht mehr um die Befreiung der Welt zu ihrer Weltlichkeit aus religiösen Motiven geht es, wie es dem dogmatischen Topos der Schöpfung entspricht; nicht mehr um die Befreiung der Politik zu ihrer eigenen Rationalität und zu der ihr in einem demokratisch-rechtsstaatlichen System übertragenen Suche nach Ausgleich, wie es dem dogmatischen Topos der Versöhnung entspricht. Vielmehr erhebt sich der Verdacht, es solle eigentlich das Politische mit der ihm eigenen Uneindeutigkeit und eben auch Konflikthaftigkeit durch die Religion domestiziert, letztlich sogar ausgeschaltet werden. Eindeutigkeit aus Gewissheit statt politischer Wettbewerb als Umgang mit dem begrenzten Wissen laute die Devise.

Ein solches Vorgehen droht aber nicht nur das Politische zu negieren, sondern auch die eigene Zielrichtung zu unterlaufen, die transformative Kraft des Evangeliums von Freiheit, Frieden und Versöhnung kritisch gegenüber Argumentationen mit politischen Sachzwängen zur Geltung zu bringen. Politische Stellungnahmen, die in der beschriebenen Form religiöse Gewissheitsgründe für sich in Anspruch nehmen, stehen nicht nur im Verdacht, politische Überzeugungen, aus denen sie sich speisen, religiös überhöhen zu wollen. Sie stehen zudem auch in der Gefahr, in ihren Inhalten letztlich so überraschungslos erwartbar zu werden, dass das emanzipative Potenzial der christlichen Botschaft, seine Motivationskraft zur Veränderung und seine Relativierung alles Vorgegebenen verspielt werden. Besonders problematisch erscheint, dass die berechenbare Parteinahme für bestimmte politische Lager den Versöhnungsanspruch des Evangeliums zu unterlaufen droht. Dass dieser Eindruck sich durchaus auch empirisch erhärten lässt, haben Daniel Thieme und Antonius Liedhegener jüngst gezeigt.[8]

Diese Problematik ist in einer theologischen Tradition angelegt, der zufolge die Kirche und die Theologie ihre Aufgabe im Staat als diejenige eines

---

[8] Daniel Thieme / Antonius Liedhegener: «Linksaußen», politische Mitte oder doch ganz anders? Die Positionierung der Evangelischen Kirche in Deutschland (EKD) im parteipolitischen Spektrum der postsäkularen Gesellschaft, in: Politische Vierteljahresschrift 56 (2015), S. 240–277.

«Wächteramtes» verstehen. Sie begreifen sich – und wenn sie noch so sehr in ihr verwurzelt sind – nicht als Teil der Gesellschaft, sondern nehmen Ordnungsaufgaben für sich in Anspruch. «So beflissen die Einsicht artikuliert werden mag, dass die Kirche auch selbst Teil der Öffentlichkeit ist, so schwer entgeht man einer folgenreichen Implikation der oft in Anspruch genommenen Metaphorik des ‹Einmischens›: der Unterscheidung eines Orts, auf den hin adressiert wird, als hinreichend markante Differenz von ‹innen und außen›.»[9] Damit einher geht der Anspruch, für Urteile in Sachfragen den Charakter der Eindeutigkeit reklamieren zu können, weil diese direkt aus dem geoffenbarten Evangelium abgeleitet seien und daher im gesellschaftlichen Diskurs nicht zur Disposition gestellt werden könnten. Die politische Auseinandersetzung soll sich also unterhalb der Ebene kirchlicher Beaufsichtigung und in dem von ihr gesetzten positionellen Ordnungsrahmen vollziehen. Aus dem Programm einer Öffentlichen Theologie droht dann aber unter der Hand das Programm einer Theologie zu werden, deren Aufgabe vorrangig in der Zurüstung der Kirche zu einer dem politischen Diskurs entzogenen, mit übergesellschaftlicher, metaphysischer Autorität ausgerüsteten Instanz besteht. Öffentliche Theologie wird also zur kirchlichen Theologie, diskursive Öffnung zu beinahe fundamentalistischer Selbstvergewisserung. Auch wenn dies weder die Intentionen der Öffentlichen Theologie trifft noch ihrer gegenwärtigen Kommunikationspraxis entspricht, ist ihr Programm gegen diese Versuchungen nicht hinreichend gefeit. Es droht die Gefahr, dass der reklamierte Weltbezug des Protestantismus und damit auch die Auseinandersetzung mit konkurrierenden Positionen ebenso unterbelichtet bleibt wie die Einsicht, dass der Glaube immer auch als individueller Glaube thematisch wird, was die für den Protestantismus typische Pluralität bildet. Die auch im Protestantismus fraglos notwendige Bestimmung von Grenzen der Pluralität durch die Kirche droht hier unter der Hand zu einer unzulässigen Vereinheitlichung des individuellen Glaubens, der individuellen Frömmigkeit und damit auch der individuellen Deutungen zu werden. Das gilt im Blick auf den Glauben, für das Verständnis der Kirche und für die Übernahme politischer Verantwortung. Damit besteht die Gefahr, dass die Öffentliche Theologie, für deren Selbstverständnis die Betonung ihres Weltbezuges wesentlich ist, entgegen ihrer eigenen Intention zu einer hermetischen kirchlichen Theologie wird.

---

9   Johannes Greifenstein: Öffentliche Theologien im medialen Christentum? Impulse der Diskussion ‹kirchlicher Publizistik› von 1949 bis 1969, in: Zeitschrift für Theologie und Kirche 112 (2015), S. 254–278, 277.

Dass diese Problemanzeige nicht aus der Luft gegriffen ist, zeigt ein Blick auf die Wege, mit denen der bundesrepublikanische Protestantismus unter den Bedingungen des demokratischen Rechtsstaates nach dem Zweiten Weltkrieg seinen Einfluss auf die Sphäre des Politischen geltend zu machen suchte. In der Frühphase setzte der Protestantismus darauf, der sich langsam entfaltenden demokratischen Öffentlichkeit ein Forum zu bieten – sei es in den Evangelischen Akademien, in denen sich interessierte Protestantinnen und Protestanten aller kirchlicher Gruppierungen, gesellschaftlicher Stände und Berufsbereiche zu Fragen der Gesellschaftsgestaltung treffen, sei es auf parochialer Ebene, indem sich Tendenzen gesellschaftlicher Modernisierung im Architekturprogramm des Gemeindezentrums manifestieren, sei es in der evangelischen Rundfunk- und Pressearbeit, die bewusst zu einer eigenen Meinungsbildung in evangelischer Perspektive anleiten wollte. In den letzten Jahren haben sich gerade im Bereich der Pressearbeit die Akzente verschoben: Die spezifisch auf die Darstellung der eigenen Interessen ausgerichtete kirchliche Öffentlichkeitsarbeit ist zunehmend an die Stelle einer als Beitrag zur öffentlichen Meinungsbildung verstandenen Pressearbeit getreten. Deutlich sichtbar ist dies etwa an den veränderten Akzentsetzungen im Bereich der evangelischen Publizistik, bei denen beispielsweise das Einstellen der kirchlichen Unterstützung für die evangelischen Wochenzeitungen diese fast vollständig zugunsten kirchlicher Selbstdarstellung im Internet hat verschwinden lassen. Dies führt allerdings die nicht unproblematische Folge mit sich, dass darüber weniger der Forumscharakter des Protestantismus als vielmehr die Selbstlegitimation der Kirchenorganisation in den Vordergrund gerückt worden ist. Damit aber wird der Intention jedweder politisch-gesellschaftlichen Stellungnahme des Protestantismus die Spitze genommen: Diese versteht sich ja gerade nicht als Ausdruck einer kirchlichen Lobby-arbeit, die sich bei aller Anwaltschaftlichkeit für die Schwachen immer auch für die – sei es symbolische, sei es substanzielle – Refinanzierung des eigenen Engagements interessiert. Eine solche Lobbyarbeit ist legitim und nötig, ist aber zu unterscheiden von politisch-gesellschaftlichen Stellungnahmen des Protestantismus. Diese bilden vielmehr eine eigenständige Form evangelischer Gesellschaftsverantwortung, genauer: den Ausdruck einer in der individuellen Frömmigkeit wurzelnden, im kirchlichen Rahmen zur öffentlichen Wirksamkeit gebrachten Zuwendung zu der im Glauben zu ihrer Weltlichkeit befreiten Welt.

Allerdings ist in diesem Zusammenhang auch auf ein Problem in der Mediengesellschaft aufmerksam zu machen. Die vorangegangenen Überlegungen sind ein Plädoyer dafür, zwischen einem kirchlichen und einem Öffentlichen Protestantismus zu unterscheiden. Das bedeutet auch, dass der Modus und vor allem die Träger der Dimension des Öffentlichen Protestantismus stärker von denen des kirchlichen Protestantismus abgegrenzt werden. Nur so ist es beispielsweise möglich, zwischen einem – durchaus legitimen – kirchlichen Lobbyismus, der den eigenen, organisationsbezogenen Interessen ebenso dienen kann wie der anwaltschaftlichen Vertretung derer, die am Rand stehen, und einem auf das Gemeinwohl zielenden Agieren zu unterscheiden. Gerade in einer auf Bilder und entsprechender Inszenierung angelegten Medienkultur ist es allerdings alles andere als leicht, einer entsprechenden Vermischung entgegenzutreten. Denn es sind ja in vielen Fällen dieselben Akteure, die für den kirchlichen wie für den Öffentlichen Protestantismus eintreten. Gerade in den Medien wird der Öffentliche Protestantismus in der Regel immer auch als der kirchliche wahrgenommen.

Notwendig könnte es darum sein, den Öffentlichen Protestantismus engagiert als Transformationsgestalt des Volkskirchentums zu profilieren. Unter den Bedingungen einer weitgehenden Deckungsgleichheit von Bürgern und Kirchenmitgliedern konnte noch einfacher davon ausgegangen werden, dass die Dimension des Öffentlichen Protestantismus auch durch die politischen Akteure gleichsam mitrepräsentiert werden konnte. Diese Annahme ist im Moment der quantitativen Verflüchtigung der Volkskirche, wie sie insbesondere in den östlichen Bundesländern zu verzeichnen ist, nicht mehr aufrechtzuerhalten. Volkskirchlichkeit wird hier immer mehr als ein qualitatives Strukturmerkmal des Protestantismus herausgestellt werden müssen, das unabhängig von seiner quantitativen Stärke ist. Prononciert formuliert: Unter gegenwärtigen Bedingungen realisiert sich die Volkskirchlichkeit des Protestantismus darin, dass er sich als Öffentlicher Protestantismus am Gemeinwohl orientiert und nicht nur partikulare Interessen in den Blick nimmt, seien es die der eigenen Organisation, seien es die einer bestimmten gesellschaftlichen Gruppe. Volkskirchlichkeit markiert darum eine Ausrichtung, weder eine bestimmte Mitgliederstruktur noch eine besondere Organisationsform. Da aber diese Ausrichtung immer nur von bestimmten Akteuren realisiert werden kann, besteht die Herausforderung darin, die entsprechenden symbolischen Ausdrucksformen zu entwickeln, die das Agieren des Öffentlichen Protestantismus als ein *protestantisches* sichtbar machen, ohne es ununterscheidbar zu dem Handeln des kirchlichen Protestantismus werden zu lassen. Vor dem Hintergrund der geschilderten Akzentverschiebungen beim Kirchentag, der Akademiearbeit und der christlichen Publizistik ist deutlich, dass hier zwar an deren Grundideen angeknüpft werden kann, sich aber eine einfache Indienstnahme dieser Einrichtungen in ihrer gegenwärtigen Gestalt für den Öffentlichen Protestantismus verbietet. Vieles spricht dafür, in diesem Zusammenhang den Gedanken der Repräsentation des Protestantismus durch

Laien wieder stärker in den Mittelpunkt zu rücken und diesen Artikulations-
formen mehr innerprotestantische, vor allem auch innerkirchliche Aufmerksamkeit zu schenken. Konkret etwa könnte Letzteres bedeuten, an die Ur-
sprünge der Akademiearbeit, des Kirchentags und auch der christlichen
Publizistik anzuknüpfen und die genannten Einrichtungen als Laboratorium
für das Auffinden von tragfähigen Kompromissen zu verstehen und dabei auf
die Repräsentation möglichst vieler in der Gesellschaft vertretenen Positionen zu achten.

III. Zu Aufgaben des Öffentlichen Protestantismus

1.

Für alle Formen des Protestantismus ist der Weltbezug des Christentums konstitutiv. Der biblische Glaube entfaltet sich von Anbeginn an in drei Dimensionen: in Bezug auf Gott, auf die Gemeinschaft derer, die den eigenen Glauben und die eigene Erwählungsgeschichte teilen, sowie auf die diese Gemeinschaft umgebende Welt. Dabei liegt der Fokus anfangs primär auf den ersten beiden Perspektiven, dem Gottesglauben und der Solidargemeinschaft derer, die sich in derselben Weise in den Glauben berufen sehen. Der Weltbezug kommt zunächst im Modus der Abgrenzung zu stehen. Es sind die Anderen, im Kontrast zu denen sich die eigene Identität bildet. Mit der zunehmenden Durchsetzung eines strikten Monotheismus und dem darauf bezogenen Schöpfungsglauben wandelt sich dieses Weltverhältnis: Die Welt wird nun auch als Ort für die Bewährung des Glaubens gesehen. So können die alttestamentlichen Schriften davon sprechen, dass Gott andere Völker als Handlungs- und sogar als Offenbarungssubjekte gebraucht. Im Neuen Testament weitet sich die Perspektive nochmals aus: Auch die nicht in der Gemeinschaft der Glaubenden Stehenden sind als Mitgeschöpfe Ort der christlichen Verantwortung. Der Nächste, dem diese Verantwortung gilt, wird nicht mehr durch Sippen- oder Gruppenzugehörigkeit definiert, sondern die christliche Zuwendung gilt universal jedem Menschen. An die Stelle einer horizontalen Bestimmung tritt damit eine vertikale Begründungsfigur, nämlich die im Glauben vermittelte Überzeugung, in jedem Menschen gleichermaßen ein Mitgeschöpf und damit einen Nächsten zu sehen. Der so universal verstandene Nächste ist aber nicht nur Adressat einer christlichen Praxis, sondern auch der christlichen Verkündigung.

Mit dem Aufstieg des Christentums zur Mehrheits- und schließlich zur Staatsreligion am Ausgang der Spätantike wandelt sich dieser Weltbezug nochmals. Nun muss er selbst in die umfassende Sphäre und das Selbstverständnis der christlichen Kirche hineingeholt werden, während sich die Unterscheidung zwischen der eigenen Gemeinschaft und den Außenstehenden zunehmend verschleift. An ihre Stelle tritt nun die Unterscheidung zwischen einem Bereich der besonders Ausgewählten innerhalb der Kirche und den gewöhnlichen Christen. Zugleich wird die Welt in Gestalt der politischen Herrschaft und als ökonomische Basis der Gesellschaft zum Bewährungsfeld des christlichen Glaubens. Die Regeln dafür werden durch den besonderen Stand der Kleriker formuliert und ausgelegt. Die politische Herrschaft ist für deren Durchsetzung zuständig, von den als Untertanen verstandenen Gläubigen wird deren Befolgung erwartet. Auch wenn sich diese Vollzüge ihrem Selbstverständnis nach innerhalb der einen Kirche ereignen, kommt es dennoch zur Ausbildung einer Hierarchie, die über eine Analogiebildung den Klerus an die Spitze der Gesellschaft rückt: Der Trias *Gott – erwählte Gemeinschaft – Welt* soll die Trias *Klerus – Obrigkeit – Untertan* folgen. In diese Analogiebildung ist freilich eine Unklarheit eingeschrieben, die die Auseinandersetzungen im Mittelalter nachhaltig beeinflusste: Während Gott für die Bestimmung und Durchsetzung des Glaubens in Anspruch genommen werden konnte, verteilt die Trias Klerus – Obrigkeit – Untertan diese Aufgabe auf zwei Stände, nämlich den *status ecclesiasticus* und den *status politicus,* die dementsprechend beide bis in die Neuzeit hinein um die Vorherrschaft stritten.

Die Reformatoren bemühten sich darum, die Gleichursprünglichkeit der drei Stände innerhalb der Kirche Jesu Christi wieder stärker herauszustellen. Dieses Unterfangen war allerdings nur im Bereich der Städte erfolgreich, wo die Reformation das Bündnis mit dem Bürgertum eingehen konnte. Gerade im ländlichen Raum dominierte nach der Erfahrung der Bauernkriege eine Konzentration auf das Nebeneinander von kirchlichen Amtsträgern und weltlicher Obrigkeit. Erst mit der – im Denken der Aufklärung vorbereiteten und in der Entwicklung des modern-liberalen Rechts langsam Gestalt gewinnenden – Aufwertung des Einzelnen ergibt sich die eingangs bereits skizzierte nachhaltige Verschiebung des Koordinatensystems. Nun kommt die reformatorische und für den Protestantismus namensgebende Einsicht der Protestation des Reichstags zu Speyer von 1529, «in Sachen Gottes Ehre und der Seelen Seligkeit belangend muss ein jeglicher für sich selbst vor Gott stehen und Rechenschaft abgeben»[1], voll zur Geltung: Denn jetzt treten der Einzelne und sein Verhältnis zu Gott im Glauben in den Mittelpunkt, ohne dabei aber dessen Eingebundensein in eine kirchliche und politische Gemeinschaft zu ignorieren. Beides bleibt essenziell – wahrscheinlich wird man sogar formulieren müssen, dass die Bedeutung der individuellen Weltverantwortung und das Bewusstsein, als einzelner Glaubender auf die Kommunikations- und Praxisgemeinschaft mit anderen Protestanten angewiesen zu sein, erst jetzt vollständig zur Geltung kommen kann, wo der Einzelne sich seiner Zentralstellung bewusst wird.

Eine weitere Verschiebung kommt hinzu: In dem Maße, in dem im Protestantismus die Sensibilität für die Bedeutung des Einzelnen auch im politi-

---

[1] Deutsche Reichstagsakten, Jüngere Reihe, Deutsche Reichstagsakten unter Kaiser Karl V, Bd. 7, bearbeitet von Johannes Kühn, Halbband 2, Stuttgart 1935 (Fotomechanischer Nachdruck Berlin u. a. 1963), S. 1277, Z. 29–33.

schen Raum wächst, weitet sich der Raum, in dem die Weltverantwortung wahrgenommen wird. Die Ausrichtung an der Familie bzw. dem «Hausstand» dehnt sich aus zur Verantwortung für das – demokratisch verfasste – Gemeinwesen. Auch diese Verschiebung – die mit der schon beschriebenen Auffassung einhergeht, weltliche Ordnungen seien nicht direkt, sondern nur in ihrer auf das Individuum bezogenen Funktion als von Gott eingesetzt zu begreifen – beginnt bereits am Ende des 19. Jahrhunderts unter dem Einfluss des historischen Denkens. Sie gewinnt aber erst vor dem Hintergrund des Nationalsozialismus und der durch ihn vor Augen gestellten und dann erlebten Katastrophe diejenige Evidenz, die sie nach 1945 zum bis heute selbstverständlichen Charakteristikum des Protestantismus werden lässt. Insofern ist es durchaus legitim, in dieser Hinsicht von einer nochmals qualitativ neuen Form des Protestantismus zu sprechen: Hatte der Neuprotestantismus den Einzelnen in seinem Frömmigkeitsbezug in den Mittelpunkt gestellt, so kommt jetzt mit der Dimension des Öffentlichen, der Weltverantwortung und -mitgestaltung, ein weiteres Strukturelement dazu.

Diese Weltverantwortung als Verantwortung für ein demokratisches Gemeinwesen ist zwar die Folge des individuellen Glaubens, gleichwohl gibt es im Protestantismus keinen Primat der Innerlichkeit oder des Spirituellen: Das Engagement für das Gemeinwesen und die Erfahrung des heilsschaffenden Glaubens bilden eine untrennbare Einheit. Das gilt zumindest für den lutherischen Protestantismus, der den Menschwerdungsgedanken stets mit einer besonderen Aufmerksamkeit für die Welt verbunden hat. Die berühmte Doppelthese aus Luthers Freiheitsschrift bringt diesen Zusammenhang stilbildend zum Ausdruck. Auch wenn der reformierte Protestantismus die Verbindung von heilsschaffendem Glauben und äußerer Sphäre aufgrund seiner Skepsis gegenüber jeder Kreaturvergötterung stärker zum Ausdruck gebracht hat, kann auch bei ihm keinesfalls von einer nur nachrangigen Bedeutung des politischen Engagements die Rede sein. Denn hier greift gerade der Gedanke der Vorläufigkeit und Dienlichkeit der weltlichen Ordnungen Raum. Diese Ordnungen sollen dem heilsschaffenden Glauben dienen, wie es exemplarisch in der fünften These der Barmer Erklärung zum Ausdruck kommt: Sie sollen aus dem Zeugnis des Glaubens heraus im Blick auf ihre aus den Glaubensüberzeugungen folgende Aufgabe gestaltet werden. Der Gedanke von Johannes Fischer und Wolfgang Schäuble, es müsse zunächst ein spiritueller Kern festgehalten sein, ehe es zu einem politischen Engagement kommen könne,[2] reißt etwas auseinander, was nach allgemein-protestantischer Überzeugung nicht zu trennen ist.

---

2   Fischer, Gefahr der Unduldsamkeit, S. 45; Schäuble Reformationsjubiläum, S. 46.

2.

Allerdings wird man sagen müssen, dass die spezifische Zuordnung von frommer Glaubensüberzeugung, kirchlichem Engagement und weltgestaltender, öffentlicher Verantwortung im Protestantismus nach 1945 eine qualitative Steigerung bedeutet. Prägnant gesagt: Zwar ist die öffentliche, politische Stellungnahme niemals lediglich eine Erscheinungsform des Protestantismus neben anderen gewesen. Sie ist auch niemals nur eine Aufgabe der Kirche gewesen. Doch erst im bundesrepublikanischen Nachkriegsprotestantismus, mit den Erfahrungen des Kirchenkampfes im Hintergrund und im Angesicht des demokratisch verfassten Staates als offenem Gestaltungsraum vor sich, wird die gesellschaftliche Verantwortung und politische Stellungnahme des Protestantismus zu einer im individuellen protestantischen Glauben geforderten Angelegenheit. Wer es mit dem individuellen Glauben ernst meint, der muss diese Glaubensüberzeugungen in dem noch fragilen, der Konsolidierung bedürftigen und vor Gefährdungen zu bewahrenden demokratischen Gemeinwesen politisch umzusetzen suchen – so lautet das Credo nicht nur der Linksprotestanten, die Erfahrungen des Kirchenkampfes und Impulse der Theologie Dietrich Bonhoeffers in die junge bundesrepublikanische Gesellschaft zu überführen suchen. Diese linksprotestantische Traditionslinie macht lediglich auf äußerst markante Weise anschaulich, was doch zur protestantischen *communis opinio* in der jungen Bundesrepublik gehört, eine qualitativ neue Stufe neuprotestantischer Zentralstellung des Einzelnen bedeutet und seitdem bis in die unmittelbare Gegenwart gilt: Zum protestantischen Glauben gehört es, dass man nicht nur sich den Rückzug in die Innerlichkeit oder auch nur die Abschottung in einer kirchlichen Binnenwelt verbietet, sondern sich als Einzelner in die Pflicht nehmen lässt, christliche Überzeugungen in der Welt wirksam werden zu lassen – sei es in der individuellen Aktion, sei es auf kirchliche Weise, sei es in dem öffentlichen Engagement für protestantisch grundierte freiheitliche Traditionen.

Theologiegeschichtlich gesehen, lassen sich diese drei Realisierungsformen individueller Stellungnahme denn auch tatsächlich als Theorietypen der Fundierung ethischer Positionen im Nachkriegsprotestantismus identifizieren – in ihren spezifischen Interessen und Stärken ebenso wie im Blick auf ihre Unterbelichtungen. Diese drei Typen haben, auch wenn sie jeweils auf ältere Traditionen zurückgreifen, ihre formierende Phase in der jungen Bundesrepublik und halten sich durch bis in die Gegenwart, in der sie sich unschwer ausmachen lassen. Sie unterscheiden sich durch je unterschiedlich starke Gewichtungen der individuellen, kirchlichen und gesellschaftlichen Dimension des Protestantismus.

Ein *erster* Typus ist ein eher «kirchlicher Protestantismus» – idealtypisch sind hier Heinz-Eduard Tödt und seine Schüler zu nennen. Hier wird das Augenmerk auf den Bezug zur Kirche gelegt, sodass dann der Bezug zur Gesellschaftspolitik über das Agieren der Kirche selbst geschehen soll. Figuren wie das «Wächteramt der Kirche» oder eine sich einmischende Kirche, die als eigenständiger, zivilgesellschaftlicher Akteur im Dialog mit der Gesellschaft steht, sind weitere Ausformungen dieses Typs. In der Gegenwart ist er repräsentiert durch die vor allem in den offiziellen Stellungnahmen der EKD und die von vielen ihrer maßgeblichen Führungsgestalten artikulierte Öffentlichen Theologie. Problematisch an diesem Typus erscheint, dass hier tendenziell Interessen und Überzeugungen des *Einzelnen* umstandslos zu solchen der *Kirche* in ihrer Allgemeinheit erklärt werden und dass eine direkte Umsetzung einer in der Kirche formulierten Position in die politische Entscheidungsfindung erfolgen soll.

Ein *zweiter* Typus lässt sich dort ausmachen, wo, wie etwa bei Dorothee Sölle oder auch bei Helmut Gollwitzer, der evangelische Glaube sich am reinsten im politischen Bewusstsein des persönlichen Christentums ausdrückt. Dementsprechend favorisieren die Vertreter dieser Position, zu denen etwa auch Ernst Lange zu zählen wäre, die unmittelbare politische Aktion, neigen jedoch zu einem aus der Evidenz der individuellen Glaubensüberzeugung geborenen Drang nach Eindeutigkeit, in dem Pluralität nur noch schwer berücksichtigt werden kann. Sie grenzen zudem – wie in der Praxis des politischen Nachtgebets – die politische und die kirchliche Dimension nicht adäquat voneinander ab. In der Gegenwart hat dieser Typus zwar verhältnismäßig stark an breitenwirksamer öffentlicher Präsenz eingebüßt, er ist aber auf der Ebene gemeindlicher Frömmigkeit und gemeindlicher Aktion unverändert lebendig, zum Beispiel in den zahlreichen Aktionen im Zusammenhang der Flüchtlingsproblematik, von ehrenamtlich organisierten Hilfs- und Spendeninitiativen über Proteste und Mahnwachen bis hin zur Gewährung von Kirchenasyl.

Der von Theoretikern wie Heinz-Dietrich Wendland und seiner Schule vertretene *dritte* Typus geht dagegen von der Autonomie des Subjekts aus und verbindet diesen Gedanken mit dem Begriff der Freiheit. Gegenstand der Ethik sind dann die für alle gleichermaßen verbindlichen Regeln des Richtigen. Konflikte um Fragen des guten Lebens sind aber, zur Wahrung der Freiheitsspielräume des Einzelnen, kaum noch öffentlich auszutragende und erst recht nicht normativ zu entscheidende Konflikte. Tendenziell handelt dieser Typus sich leicht den Vorwurf ein, das kritische, transformative Potenzial des christlichen Glaubens zu unterschätzen. Die Orientierung an der Freiheit kann einhergehen mit einer programmatischen ethischen Enthaltsamkeit:

Unterbelichtet bleibt bei dieser Position das Problem, dass diese Privatisierung des guten Lebens dazu führen kann, dass sich gesellschaftliche Kräfteverhältnisse einfach fortschreiben, da ja für eine Kritik der entsprechenden Vorstellungen ein entsprechendes Anregungspotenzial oder gar Widerlager fehlt. Dies kann einhergehen mit einer vorrangigen gesellschaftlichen und politischen Affirmation des Bestehenden und einer Negation der Verbesserbarkeit der Welt, obwohl gerade diese Vorstellung eigentlich Bestandteil des eigenen, dem Fortschrittsgedanken der Aufklärung verpflichteten Denkens ist. Aufgrund der geschilderten Struktur schlägt hier jedoch das aufklärerische in ein konservatives Denken um. Hinzu kommt die Gefahr, im Interesse eines Schutzes der Individualfrömmigkeit den Bezug zu den kirchlichen Praktiken und Sozialformen zu unterschätzen. Gegenwärtig ist dieser Typus vor allem bei Vertretern liberalkonservativer protestantischer Ethiktheorie lebendig, jedoch auch bei wertkonservativen protestantischen Politikern.

Die differenzierte Zuordnung der drei Dimensionen des Protestantismus, die hier im Blick auf die theologisch-ethische Theoriebildung verdeutlicht wurde, lässt sich aber auch im Blick auf das Wirken des Protestantismus im Gegenüber zur Politik anschaulich machen. Dabei kristallisiert sich zugleich das spezifische Profil eines Öffentlichen Protestantismus in seiner Ausrichtung auf das Politische heraus. Zudem wird sichtbar, dass die Adressierung des Politischen durch den Öffentlichen Protestantismus nicht einfach in die Zuständigkeit einer als Sozialform missverstandenen Figuration des politischen Protestantismus fällt, sondern sich in allen drei Dimensionen zeigt, wenn auch in unterschiedlicher Weise: Der individuellen Dimension des Christseins entspricht das Engagement des einzelnen Christen als Bürger oder Politiker. An diesem Punkt hat besonders das transformative Potenzial des verkündigten und geglaubten Evangeliums seinen Ort, insofern es als notwendig individuell angeeignete Botschaft stets ein kritisches Gegengewicht zu dem faktisch durch die Verhältnisse oder die Mehrheit Gegebenen darstellt. Die kirchliche Dimension der Adressierung des Politischen zeigt sich in einem – durchaus im positiven Sinn verstandenen – lobbyistischen Handeln. Öffentlich-protestantisches Agieren vertritt hier auf die Organisation der Kirche bezogene Interessen. Die gemeinsamen Angelegenheiten von Kirche und Staat wie etwa der Religionsunterricht, die Seelsorge in den Justizvollzugsanstalten, bei Polizei und Bundeswehr sind hier zu nennen, aber auch die Theologie als Studienfach an den staatlichen Universitäten, die Verteilung von Baulasten oder die Ermöglichung und Unterstützung kirchlicher Aktivitäten in der Kinder- und Jugendhilfe sowie dem weiten Bereich der Diakonie. In diesen beiden Dimensionen erschöpft sich aber der Protestantismus in seinem Bezug auf die Sphäre der Politik nicht. Als Öffentlicher

Protestantismus hat er auch eine besondere Verantwortung für das Verbindende, für die Formulierung eines gemeinsam geteilten Guten, innerhalb dessen der Wettbewerb unterschiedlicher Positionen erst möglich ist. In diesem Sinne gilt, in Abwandlung der Formel Richard von Weizsäckers: Der Öffentliche Protestantismus will nicht Politik machen, sondern er will Politik möglich machen.[3] Anders gesagt: Eine vitale Ausübung der Religion bedeutet eine Befreiung der Politik zu ihrer eigenen Rationalität und ist zugleich ein kräftiges Widerlager gegen alle Versuche des Politischen, sich selbst absolut zu setzen oder sogar, wie im Falle totalitärer Regimes, sich selbst zu sakralisieren.

3.

Diese Aufgabenbestimmung des Öffentlichen Protestantismus ist gleich noch genauer zu explizieren. Zunächst ist jedoch zu unterstreichen, dass der Öffentliche Protestantismus auch justierende, teils gar korrigierende Funktionen für die beiden anderen Dimensionen des Protestantismus, der individuellen und der kirchlichen, in deren jeweiliger Ausrichtung auf die Sphäre des Politischen besitzt. Kirchliche Stellungnahmen zu politischen Fragen sind, weil diese Fragen stets auch in mehr oder weniger starker Weise Interessen des kirchlichen Lebens oder gar der kirchlichen Organisation betreffen, notwendigerweise und legitimer Weise geleitet durch diese Interessen, also machtorientiert. Soll diese Machtorientierung nicht zu einer Verfestigung konkurrierender politischer Auffassungen und Machtpositionen führen, sollen also kirchliche Stellungnahmen zu politischen Fragen nicht die Kategorie des versöhnenden Handelns als Zielbestimmung protestantischer Ethik konterkarieren, bedarf es dieser korrigierenden Funktion des Öffentlichen Protestantismus. Seine Bedeutung besteht in der Markierung eines Korridors für mögliche Verständigungen und damit in der Eröffnung, nicht der positionellen Schließung des politischen Diskurses. Kirchliches Agieren darf die Verantwortung des Protestantismus für den Zusammenhalt, für die gesellschaftliche Kohäsion nicht gefährden. Ebenso wenig darf es in seiner Positionierung den Einzelnen in seiner Freiheit und seiner Verantwortung als Bürger stillzustellen versuchen.

Besonderes deutlich lässt sich diese Funktion gegenseitiger Korrektur in der zentralen Form religiöser Kommunikation im Protestantismus beobach-

---

[3] So der pointierte Kommentar Richard von Weizsäckers auf der EKD-Synode in Borkum 1996 zur Bedeutung des kirchlichen Wächteramts heute, vgl. www.ekd.de/synode96/grussworte_weizs.html.

ten, dem Verkündigungsgeschehen im Gottesdienst und in der Predigt. Nur auf den ersten Blick ist die Predigt autoritär monologische Verlautbarung kirchlicher Positionen. Bei näherem Hinsehen ist dies durch den Rahmen relativiert, in dem sie notwendig steht. Unabhängig von konkreten Inhalten ist der prima facie bestehende Autoritätsanspruch justiert durch den Umstand, dass Einzelne durch einen Einzelnen angesprochen werden. Der Autoritätsanspruch ist allein dadurch relativiert, dass sich die Rede eines Predigers oder einer Predigerin für die Hörenden als individuelle Auslegung eines Textes im Rahmen der Tradition präsentiert. In anderen, gar zeitgleich stattfindenden Gottesdiensten an anderen Orten wird über denselben Text anders gepredigt. Dieses Bewusstsein ist bei jedem Teilnehmer des Gottesdienstes präsent und wird, als individuelles Moment, durch die Rahmung mit den überindividuellen, gebundenen liturgischen Elemente des Gottesdienstes unterstrichen. Das strukturierende Element der Liturgie befördert das Bewusstsein der Freiheit und der Relativität der Predigt. Für den hier vorgestellten Argumentationsgang ist an dieser Struktur besonders interessant, dass der Gottesdienst den äußeren Rahmen für die innere Pluralität bildet. Er bildet im kirchlichen Kontext ab, was der Öffentliche Protestantismus im Blick auf die Gesellschaft zur Geltung bringt: er markiert den verbindlichen und verbindenden Rahmen, innerhalb dessen sich Gemeinschaft vollzieht und individuelle Figurationen thematisch werden können.

Die wechselseitig ergänzende Korrektur der verschiedenen Dimensionen des Protestantismus bringt es nun aber auch mit sich, dass der kirchliche Protestantismus kritisch darauf zu achten hat, dass im Handeln des Einzelnen seine Bindung an die kirchliche Gemeinschaft mit bedacht wird – nicht in dem Sinne, dass er dadurch seine Verantwortung an die Gemeinschaft delegiert, sondern in der Weise, dass er die Konsequenzen für die überindividuelle, geschichtlich gewordene Gestalt des Christentums im Blick behält. Und schließlich muss die individuelle Dimension des Christseins die Sensibilität dafür vorhalten, dass über der Ausrichtung auf gesellschaftliche Kohäsion nicht die Ausrichtung an Freiheit und Individualität verloren geht. Denn der Respekt vor der Freiheit, aber auch vor der Unterschiedlichkeit der Einzelnen gehört ebenso zu den unverzichtbaren Identitätsmerkmalen des Protestantismus.

Dies vor Augen, lassen sich nun die Konturen und die Aufgabengebiete eines Öffentlichen Protestantismus präziser benennen. Dabei kann zudem deutlich werden, in welcher Weise er dazu beiträgt, den Korridor für die politische Entscheidungsfindung zu öffnen, innerhalb dessen dann auch die Bezüge auf das gesellschaftlich-politische Engagement des individuellen und des kirchlichen Protestantismus zu stehen kommen können. Zwei Elemente sind es, die in diesem Zusammenhang herauszustellen sind und die ihrerseits zueinander in einem spannungsvollen Wechselverhältnis stehen.

4.

Zunächst ist es die Aufgabe des Öffentlichen Protestantismus, einer Sakralisierung der Welt und damit auch einer religiösen Aufladung gesellschaftlicher Entscheidungskonflikte sowie der gegebenen gesellschaftlichen Strukturen entgegenzutreten. Theologiegeschichtlich gesprochen nimmt der Öffentliche Protestantismus damit den reformatorischen Impuls einer strikten Unterscheidung zwischen Gott und Welt auf. Um dieses Anliegen deutlicher und unmissverständlicher zum Ausdruck zu bringen, kombiniert der Öffentliche Protestantismus Elemente, die sich auf der einen Seite dem lutherischen Erbe der Zwei-Reiche-Lehre verdanken, auf der anderen Seite aber auch der reformierten Tradition einer schroffen Ablehnung jeglicher Kreaturvergötterung. Denn das Problem der Zwei-Reiche-Lehre bestand gerade nicht im Entlassen der Welt in eine Eigengesetzlichkeit, bei der der Anspruch von Theologie und Kirche negiert wurde, die Welt aus den Grundlagen des christlichen Glaubens heraus zu gestalten. Dieser Vorwurf wurde zwar immer wieder im Zusammenhang der theologischen Bearbeitung des Versagens des Protestantismus im Gegenüber zum Nationalsozialismus geltend gemacht: Das barbarische Unheil, das im Nationalsozialismus so unendliches Leid über die Völker gebracht habe, stelle die fürchterliche Konsequenz einer solchen Abkehr vom Anspruch Gottes auf die Gestaltung aller Lebensbereiche dar. Allerdings ist diese Interpretation mit dem Makel behaftet, dass sich für sie nur wenige Textbelege finden lassen.[4] Die Schwierigkeit der Zwei-Reiche-Lehre liegt vielmehr darin, dass sie im Gegenüber zu einem Staat, der sich selbst nicht mehr als religiös gebunden ansieht, ein Rückführungsinteresse zum Ausdruck bringen möchte. Ihr Ziel ist gerade nicht die Betonung, sondern die Überwindung der durch die politische Ordnung selbst erklärten Eigengesetzlichkeit. Vor dem Hintergrund einer diagnostizierten Abwendung weiter Kreise vom Christentum und der bereits angesprochenen wachsenden Eigenständigkeit des Staates, insbesondere nach dem Ende des landesherrlichen Kirchenregiments 1918, dient die Figur der beiden Reiche dazu, die Sphären von Kirche und Staat nur als relative Aspekte eines einheitlichen Weltbildes zu interpretieren, für dessen soziale und politische Integration Theologie und Kirche zuständig sind. Dieses Leitinteresse vor Augen, waren

---

4 So etwa bei Hermann Jordan: Luthers Staatsauffassung. Ein Beitrag zu der Frage des Verhältnisses von Religion und Politik, München 1917.

gerade lutherische Theologen auch bereit, die vergifteten Avancen des nationalsozialistischen Staates an ein «positives Christentum» so zu deuten, dass sie diesen Staat und seine Ideologie als Ergebnis von Gottes geschichtlichem Wirken deuteten und damit sakralisierten. Gedacht als eine Bindung des Staates an den Willen Gottes, schwächte diese Deutung letztlich aber nur die Widerstandskräfte des Protestantismus gegenüber den beiden totalitären Systemen des 20. Jahrhunderts auf deutschem Boden, ohne ihnen weitergehende Zugeständnisse abzuringen. Denn die Vorstellung, dass es sich beim Staat – und zwar in dessen historischer Formation – um eine Anordnung Gottes handele, entfaltete ihre Wirkkraft nur nach innen, gegenüber den kirchlich gebundenen Protestanten. Sie schuf hier die Akzeptanz für ein Politikverständnis, das im Handeln der politischen Elite, besonders natürlich im Handeln des Führers, den Ausdruck des Willens Gottes sah und darum politische Kontroversen nur in einem binären Muster als Unterordnung unter oder Aufstand gegen diesen Willen deuten konnte. Nach dem Vorbild der meisten Theologen scheute darum die Mehrheit der Protestanten viel zu lange, die Opposition gegen den vermeintlichen Willen Gottes theologisch zu formulieren und politisch zum Ausdruck zu bringen.

Demgegenüber bemühten sich der reformierten Tradition näherstehenden Theologen, über die Betonung der Souveränität Gottes und des umfassenden Anspruchs Christi auf das ganze Leben einer solchen Sakralisierung entgegenzutreten. Auch diese Zugangsweise war allerdings gegen Missdeutungen nicht gefeit. So konnte das Programm, das die Barmer Theologische Erklärung wirkmächtig entfaltete, eben auch als Ermächtigung für eine neue Form theokratischen Denkens und damit für eine neue Sakralisierung des Politischen gelesen werden. Den entscheidenden Ansatz dafür liefert die Vorstellung des von der Kirche ausgeübten Wächteramts, das über die Legitimität politischer Entscheidungen bestimmt. Über dieses Wächteramt übt die Kirche stellvertretend die «Königsherrschaft Christi» aus. Eigentlich sollte diese Figur deutlich machen, dass es für Christen außerhalb der gnädigen Zuwendung Gottes zum Menschen keine andere Offenbarung geben könne und darum eine Erkenntnis von Gottes Willen in den gegebenen Strukturen unmöglich und theologisch auch illegitim sei. Die Offenbarung Gottes in Jesus Christus stellt vielmehr alles Bisherige infrage, sie ruft dazu auf, die gegebene Ordnung immer wieder auf ihre Dienlichkeit für die Freiheit zu befragen. Was als Depotenzierung weltlicher Ordnungen gedacht war, steht allerdings beständig in der Gefahr, nicht nur die Kritik am Bestehenden, sondern auch die eigenen konstruktiven Forderungen unter Vernachlässigung der konstitutiven Differenz von Gott und Mensch als unmittelbaren Ausdruck aus der Offenbarung zu verstehen. Das Fehlen relativierender Vermittlungsinstanzen zwischen der von der Kirche wahrgenommenen Königsherrschaft Christi und den politischen Entscheidungen führt zu einer direkten, unvermittelten Verbindung von Offenbarung und Aktion, von Glauben und Handeln. Damit droht das herzustellende Neue selbst durch seine Autorisierung aus der Offenbarung für sakrosankt erklärt zu werden. Dieser unvermittelte Zugriff auf theologisch-religiöse Letztbegründungsstrukturen steht im Gegensatz zu der intendierten Freiheit.

Die fundamentalistische Unduldsamkeit, die manchen im Horizont der Barmer Theologischen Erklärung und der Königsherrschaft Christi argumentierenden Ethikern zu eigen war und ist, hat hier ihre Ursache. Dementsprechend ist das Agieren mancher Vertreterinnen und Vertreter des Linksprotestantismus und eben auch der Öffentlichen Theologie zu verstehen. Es hatte seine Berechtigung im Gegenüber zu einer totalitären Ideologie, es passte zudem recht gut in die allgemeine Stimmung der unmittelbaren Nachkriegsjahre, in denen die Frage staatlicher Legitimität vor dem Hintergrund des totalen Zusammenbruchs von 1945 im Zentrum stand. Je mehr sich die politische Debatte jedoch auf konkrete Einzelfragen bezog, desto deutlicher traten auch die Schwierigkeiten dieser Position in den Vordergrund: Statt Fragen einer differenzierten gemeinsamen Suche nach der unter den gegebenen Bedingungen besten Lösung zuzuführen, statt auf die grundsätzliche Vorläufigkeit und Revisionsbedürftigkeit politischer Entscheidungen hinzuweisen und darum auch ihre Revisionsfähigkeit zu fordern, führte das Programm zu einer diskursiven Schließung, zum Aufstellen von Wahrheitsansprüchen, die durch die demokratische Urteilsbildung nicht mehr infrage gestellt werden dürfen.

5.

Zusammenfassend zeigt sich, dass die Aufgabe des Öffentlichen Protestantismus nur durch die Kombination der beiden Theorietraditionen, dem Erbe der Zwei-Reiche-Lehre und der Königsherrschaft Christi, zu erreichen sein dürfte. Damit aber entsteht ein anspruchsvolles Programm, das die Anerkennung von Grenzen und damit von gleichberechtigten Einzelnen und Teilbereichen nicht als Schwäche auslegt, sondern als Konsequenz der im Gottesglauben begründeten Differenz von Gott und Welt. In der Perspektive des strikt universal und fundierend verstandenen Gottesgedankens betrachtet, können alle anderen innerweltlichen Strukturen immer nur partikulare Geltung beanspruchen. In dieser gegenseitig zugesicherten Partikularität und den jeweils anerkannten Grenzen gründen die Freiheit und mit ihr auch das Entwicklungspotenzial moderner Gesellschaften. Der Bezug auf den Gottesgedanken bringt dabei zugleich den grundsätzlich prekären Charakter dieses Modells zum Ausdruck. Nur er kann sicherstellen, dass die einzelnen Teilbereiche sich nicht selbst absolut setzen. Entfällt seine relativierende Kraft, so droht das gleichberechtigte Nebeneinander in neue Hierarchien und Majorisierungen umzuschlagen. Die Ideologieanfälligkeit in der Moderne und die entsprechenden nationalistischen und sozialistischen Totalitarismen der Moderne legen davon ein deutliches Zeugnis ab. In einer analogen Gefahr steht freilich der christliche Gottesglaube selbst, dann nämlich, wenn er die Unterscheidung von Gott und Mensch nicht auch auf sich bezieht, sondern das eigene Offenbarungsverständnis in der Weise absolut setzt, dass andere Formen der Religion nur subaltern erscheinen. Es gehört zu den wichtigen und bleibenden Aufgaben der Theologie unter den Bedingungen gesellschaftlich gegebener, religionskultureller Pluralität, die Partikularität auch der eigenen christlichen Religionskultur als einer menschlich bedingten und darin eben relativen, fehlbaren Praxis präsent zu halten. Nur auf dieser Grundlage ist ein konstruktives Zusammenleben mit anderen Konfessionen und Religionen möglich.

6.

Zugleich aber ergibt sich aber nun ein Anschlussproblem, das gewissermaßen komplementär zu der Grenzen ziehenden Zielrichtung des Öffentlichen Protestantismus steht und nach den durch ihn gewonnenen kommunikativen Freiräumen fragt Ein funktionierender politischer Diskurs um gesellschaftliche Orientierungsfragen ist ja nicht nur auf den Schutz vor verfestigenden Sakralisierungen angewiesen. Er muss auch getragen sein von einer gemeinsam geteilten Vorstellung vom guten Zusammenleben. Denn die diskursive Verständigung über die Fragen des Zusammenlebens, die typisch ist für moderne Gesellschaften, die der (durchaus in der Tradition des evangelischen Christentums entwickelten) Hochschätzung des Individuums verpflichtet sind, bedarf nicht nur der Sicherung gegenüber metaphysisch-sakralen Verfestigungen einzelner Positionen. Sie bedarf auch einer zugrunde liegenden, verbindenden Überzeugung über leitende Wertvorstellungen und sittliche Strukturen. Ein gutes Beispiel sind die ethischen Diskussionen um Lebensformen wie Partnerschaft, Lebenspartnerschaft und Ehe. Hier muss auf der einen Seite einer Ontologisierung bestimmter Lebensformen entgegengetreten werden, auf der anderen Seite gilt es aber auch zu berücksichtigen, dass Lebensformen immer eingebettet sind in gesellschaftliche Überzeugungen und dort, wo sie politisch gefördert werden, auch durch diese getragen sein müssen. Solche Überzeugungen sind selbst wandelbar, sie müssen im Diskurs jedoch immer schon vorausgesetzt werden. In diesem Sinne ist das viel zitierte Wort Ernst-Wolfgang Böckenfördes aufzunehmen, dem zufolge der moderne, freiheitliche Staat von Voraussetzungen lebt, die er selbst nicht garantieren kann.[5] Diese Voraussetzung darf nun gerade nicht als eine Notwendigkeit metaphysisch-sakraler Legitimation des Staates überhaupt verstanden werden, sondern als Hinweis darauf, dass jedem Eintreten in einen Diskurs über gesellschaftliche Strukturen bestimmte – gleichsam moralisch-intuitive – Vorstellungen über das gemeinsam geteilte Gute schon vorausliegen und nur unter der Voraussetzung einer selbstverständlichen Anerkennung dieses gemeinsamen Guten ein zielführender Diskurs in kontroversen Fragen möglich ist. Die gemeinsame Vorstellung zu formulieren und präsent zu halten, stellt den zweiten großen Aufgabenbereich des Öffentlichen Protestantismus dar.

7.

Es liegt auf der Hand, dass diese beiden Zielbestimmungen – die Betonung der Vorläufigkeit und Partikularität menschlich-geschichtlicher Ordnungen sowie die gemeinwohlverpflichtete Formulierung von Vorstellungen des gemeinsam geteilten Guten als eines Korridors für die politische Auseinandersetzung – in einer spannungsvollen wechselseitigen Ergänzung und Korrektur stehen. Sie sind darüber hinaus nun ihrerseits wieder zu beziehen auf die Einsicht, dass das Agieren des Protestantismus über individuelle Akteure erfolgt, diese aber nicht als ungebundene Einzelne agieren in dem Sinne, dass die kontingent individuelle Haltung des einzelnen protestantischen Vertreters umstandslos Allgemeinverbindlichkeit erhielte. Vielmehr fungiert die Dimension des kirchlichen Protestantismus auch in dieser Hinsicht nicht nur als Grund, sondern zugleich als Grenze individueller Ausdrucksformen.

Denn das protestantische Engagement in der beschriebenen Hinsicht muss dem spezifischen Charakter einer *evangelischen* Stellungnahme entsprechen und darin einen Beitrag leisten zu einer vom *Evangelium* her verantworteten Lebensführung. Eine solche Lebensführung kann immer nur eine Lebensführung aus Freiheit sein, die jedoch Freiheit nicht als Willkür, sondern als Aneignung, Stellungnahme und Umbildung des Gegebenen in kommunikativen Prozessen versteht. Ethische Forderungen dürfen somit nicht einem abstrakten Moralismus folgen, sondern sie müssen ihre orientierende Kraft in der

---

5   Vgl. Ernst Wolfgang Böckenförde: Die Entstehung des Staates als Vorgang der Säkularisation, in: ders.: Recht – Staat – Freiheit. Studien zur Rechtsphilosophie, Staatstheorie und Verfassungsgeschichte, Frankfurt am Main 1991, S. 92–114, S. 112.

konkreten Lebensführung der Einzelnen entfalten. Das bedeutet, dass eine möglichst umfassende Analyse der Situation, in der ethischer Reflexionsbedarf auftritt, unabdingbar zu einer evangelischen Stellungnahme dazugehört. Dass damit zugleich eine Situationsabhängigkeit einhergeht, ist nicht nur unvermeidlich – es stellt eine besondere Stärke evangelischer Ethik dar. Sie nimmt ernst, dass Weisungen des Glaubens immer nur konkret an Einzelne in ihrer jeweils konkreten Situation ergehen können. Darin huldigt sie nicht einem ethischen Individualismus oder Subjektivismus, sondern zu ihrem spezifischen Realitätsbezug gehört gerade die Sensibilität für die gesellschaftliche Eingebundenheit des Einzelnen. So wie der Glaube zwar immer nur ein individueller Glaube sein kann und doch sich stets der Vermittlung durch die Gemeinschaft verdankt, so ist eine evangelische Lebensführung stets eine individuelle Lebensführung, die um ihr Eingebettetsein in die sie umgebenden Lebensformen weiß. So sehr dieses Eingebettetsein die Gefahr einer individualistischen Verengung vermeidet, so sehr bringt sie zugleich zum Ausdruck, dass es für die evangelische Ethik keine generellen Sichtweisen gibt: Ihre Stellungnahmen können sich immer nur auf einen bestimmten Kontext beziehen. Das ist eine Einschränkung, die wegen des universellen Anspruchs der christlichen Botschaft und der weltweiten Ökumene zwar vielfach als problematisch empfunden wurde und wird. Doch erfordert gerade die Einsicht in die Differenz zwischen Aussagen, die auf den Glauben und solchen, die auf die Lebensführung bezogen werden, diese Einschränkung der Reichweite ethischer Stellungnahmen.

IV. Zum Programm des Öffentlichen Protestantismus

1.

Abschließend muss nun der oben genannte «Korridor» näher beschrieben werden, innerhalb dessen sich der politische Diskurs vollzieht – genauer: es muss die Frage nach den Kriterien eines solchen Korridors diskutiert werden. Welchen unhintergehbaren, den Freiheitssinn des Evangeliums umreißenden Vorgaben weiß der Öffentliche Protestantismus sich verpflichtet? Wie spielt er sie als aus protestantischer Sicht gleichermaßen Raum eröffnende wie Grenzen markierende Leitgedanken in die politischen Auseinandersetzungen ein?

Zwar lassen sich solche normativen Vorgaben nur in einiger Vorläufigkeit formulieren und in dem Bewusstsein, dass sie ihrerseits geschichtlichen Wandlungen unterliegen – anders gesagt: in dem Bewusstsein, dass der Freiheitssinn, der in ihnen zum Ausdruck gebracht wird, auch für sie selbst Gültigkeit besitzt. Der Anspruch des Öffentlichen Protestantismus, jedweden religiösen oder religionsäquivalenten Absolutheitsansprüchen im Bereich des Politischen entgegenzutreten, bezieht sich auch auf ihn selbst.

Unter dieser Bedingung lassen sich in der oben bereits mehrfach angedeuteten Aufnahme der drei Artikel des Credos und der in ihm festgehaltenen Trias des Glaubens an Gott den Schöpfer, an Jesus Christus den Versöhner und den Heiligen Geist als den Erlöser der Welt drei Grundsätze formulieren, die den Richtungssinn markieren, denen die Praxis politischer Stellungnahmen des Öffentlichen Protestantismus zu genügen hat, wenn sie diskursive Rahmenbedingungen reklamiert. Solche Stellungnahmen werden stets darauf dringen, (1) die Weltlichkeit der Welt zu respektieren als Konsequenz aus dem Glauben an Gott den Schöpfer; (2) Freiheit in der Gemeinschaft zu ermöglichen als Konsequenz aus dem Glauben an Gott den Versöhner; (3) die Zukunftsfähigkeit menschlichen Lebens zu gewährleisten als Konsequenz aus dem Glauben an Gott den Erlöser.

Alle drei Grundsätze lassen sich unschwer als Konkretisierung des christlichen Freiheitsgedankens erkennen. Sie betonen jeweils die Freiheit gegenüber der Orientierung an der Natur als Norm, die Freiheit gegenüber der den Einzelnen umgebenden Gemeinschaft und die Freiheit gegenüber allen Vorstellungen geschichtlicher Determination. Sie verbinden jeweils die Anerkennung des in den jeweiligen Bereichen Gegebenen mit der Ablehnung jedweder Sakralisierung des Gegebenen. Stattdessen wird das Gegebene jeweils als zur Gestaltung und zur Weiterentwicklung Gegebenes aufgefasst. Dieses Grundmuster gilt für alle drei Bereiche.

Zunächst: Die den Diskursrahmen markierenden politischen Stellungnahmen des Öffentlichen Protestantismus werden sich stets gegen alle Versuche wenden, politisches Handeln durch den Verweis auf naturgegebene Normen zu legitimieren. Die Anerkennung der Weltlichkeit der Welt schließt aber zugleich die Einsicht ein, dass sich politisches Handeln nur im Horizont der natürlichen Rahmenbedingungen vollziehen kann. Der evangelische Freiheitssinn konkretisiert sich hier in der permanenten Ausmittlung von Realitätssinn auf der einen und Möglichkeitssinn auf der anderen Seite. Die evangelische Befreiung der Welt zur Weltlichkeit festzuhalten bedeutet, die Struktur der Welt nicht als Heilsordnung zu überhöhen, zugleich aber als denjenigen Rahmen zu begreifen, der den Ort der Realisierung individueller und kollektiver Freiheit der Lebensführung markiert.

Sodann: Die den Diskursrahmen markierenden politischen Stellungnahmen des Öffentlichen Protestantismus werden üblicherweise als kirchliche Stellungnahmen vorgetragen, als Resultat innerkirchlicher Diskussionsprozesse und als gemeinsame Überzeugung der kirchlichen Gemeinschaft. Darin spiegeln sie die Angewiesenheit des Einzelnen auf kommunikative und kommunitäre Integration wider, insbesondere in politischer Hinsicht. Allerdings ist gerade aus christlicher Perspektive darauf zu achten, dass jede Ausgestaltung der Gemeinschaft dem besonderen Respekt vor dem Einzelnen, der mit der Überzeugung von Gottes gnädiger Zuwendung zum Einzelnen verbunden ist, Rechnung trägt. Eine solche Freiheit in der Gemeinschaft entspricht der ethischen Fassung des Versöhnungsgedankens, nämlich die konstitutive Sozialität des Menschseins in Einklang zu bringen mit dem Ziel der individuellen Lebensführung in Freiheit und der Möglichkeit, einen eigenen Lebensentwurf verfolgen zu können. Zu dieser Ermöglichung gehört zweifelsohne, auch den Grenzen und Misserfolgen des eigenen und des fremden Handelns so zu begegnen, dass Revisionen möglich sind. Versöhnung bedeutet aber auch die Überwindung des Zwangs, das eigene Leben nur an den Idealen der Gemeinschaft auszurichten, ohne dass dabei die Bedeutung der Gemeinschaft für das eigene Leben negiert wird. Politische Stellungnahmen des Öffentlichen Protestantismus werden sich, auch und gerade als gemeinschaftlich errungene und getragene, stets an dieser protestantischen Hochschätzung des Individuums orientieren.

Der Versöhnungsgedanke gibt dem Agieren des Öffentlichen Protestantismus noch in einer zweiten Hinsicht einen Richtungssinn. So sehr die Botschaft des Evangeliums dazu anleitet, sich mit dem Bestehenden nicht abzufinden, sondern auf dessen Verbesserung hinzuarbeiten, so sehr entspringt dem Versöhnungsgedanken auch das Vertrauen in die Grenzen des selbst empfundenen und aus dem Glauben entspringenden Handlungsdrucks. Der

Versöhnungsgedanke weist damit der Motivation zur Veränderung, die aus der Anerkennung der Weltlichkeit der Welt und dem Impuls entspringt, die Zukunftsfähigkeit des menschlichen Lebens zu gewährleisten, den richtigen Ort zu: Komplementär zur Infragestellung des Gegebenen betont der Versöhnungsgedanke das relative Eigenrecht des historisch Gewordenen. Das bedeutet zugleich die Relativierung eines permanenten, steril auf Dauer gestellten Veränderungsdrucks, wie er mitunter in Programmen des politischen Protestantismus und der Öffentlichen Theologie zum Ausdruck kommt. In ihnen treten Menschen der Welt stets als Handelnde, als Weltverbesserer entgegen. Zur Tiefengrammatik dieses Veränderungsdrucks gehört die Annahme, dass die Welt unvollkommen sei und es zur Aufgabe des frommen Menschen gehöre, sie zum Guten zu wenden. Die Aussage von der Erlösungsbedürftigkeit der Welt wird dabei allerdings zu schnell in die Aufforderung an die Glaubenden transformiert, diese Erlösung ins Werk setzen. Damit aber wird einseitig das «Noch-Nicht» der Erlösung vor das «Schon» der Versöhnung gestellt. So droht – gegen alle eigenen Voraussetzungen und Absichten – Erfolg im transformierenden Handeln unversehens zur entscheidenden Kategorie für die Stellung des Menschen vor Gott zu werden. Umgekehrt muss Erfolglosigkeit zum Merkmal für die Schuld des Menschen werden, der seine Aufgabe und seine Stellung vor Gott verfehlt hat.

Schließlich: Die den Diskursrahmen markierenden politischen Stellungnahmen des Öffentlichen Protestantismus werden sich stets für das Ziel einsetzen, dem Einzelnen eine Zukunft in einer selbst gewählten Lebensform zu ermöglichen und ihn nicht auf das Vorgegebene festzulegen. Zukunftsfähigkeit zu betonen bedeutet, die das individuelle Leben prägenden Traditionen als gewordene und damit als gestaltbare zu verstehen. Im Blick etwa auf die politische Praxis konkretisiert sich das darin, dass die Vorläufigkeit politischen Handelns eingeschärft wird. Vorläufigkeit bedeutet nicht nur negativ, auf Absolutheitsansprüche in einzelnen kontroversen Fragen zu verzichten, sondern auch, positiv, Räume freizugeben und freizuhalten, in denen religiöse Orientierungen vermittelt und Fragen nach dem Sinn der eigenen Existenz gestellt und bedacht werden können. Um die oben genannten Beispiele nochmals aufzugreifen: Die diakonischen Aktivitäten lassen sich ebenso wie das Mitwirken des Christentums an den Bildungsprozessen in der Schule und der Universität oder wie die Seelsorge im Krankenhaus, bei der Bundeswehr und der Polizei in dieser Hinsicht verstehen. Überall dort gilt es, den Freiheitssinn des Christentums so zu entfalten, dass er den Einzelnen bei der Verwirklichung eines eigenen Lebensentwurfes unterstützt.

Sich hier an der Zukunftsfähigkeit auszurichten, bedeutet mehr als die Betonung von Vorläufigkeit und das Zurückweisen von Absolutheitsansprüchen. Zukunftsfähigkeit des menschlichen Lebens stellt sich nicht von selbst ein. Sie schließt für die Gesellschaft die Aufgabe ein, Strukturen bereitzustellen, die es dem Einzelnen ermöglichen, seinen eigenen Lebensentwurf zu verfolgen. Das ist zugleich das innere Kriterium für die Beurteilung und Ausgestaltung dieser Strukturen, für die Frage, ob diese Strukturen stabilisiert werden müssen oder ob sie der Kritik und Umbildung zu unterziehen sind. Neben einer Perspektive, die an der Freiheit von Bevormundung orientiert ist, pflegt das Christentum immer auch ein Freiheitsverständnis, das auf Unterstützung und Befähigung des Einzelnen zielt. Denn eine einseitige Betonung der negativen Freiheit läuft Gefahr, gegebene Ungleichheiten nicht genügend zu berücksichtigen und damit, willentlich oder nicht, bestehende Verhältnisse und Machtstrukturen zu affirmieren. Die christliche Parteinahme für die Schwachen und Rechtlosen nimmt diesen Gedanken auf. Sie realisiert sich sowohl im Engagement für Bildungsprozesse als auch im konkreten Vertreten von politischen Positionen, die die Situation der Schwachen und Rechtlosen stärken. Dabei ist eine solche Parteinahme in Aufnahme der neutestamentlichen Erzählungen von Jesu Zuwendung zu den Ausgegrenzten sensibel dafür, dass diejenigen, denen es eine Stimme zu geben gilt, keineswegs stets auf den ersten Blick erkennbar sind – ein Gesichtspunkt, der gerade vor dem Hintergrund des dem Rechtspopulismus zugrunde liegenden Repräsentationsproblems an Bedeutung gewinnen wird.

2.

Mit den hier skizzierten Leitlinien tritt der Öffentliche Protestantismus für das Verbindende ein, ohne das freiheitliche Gesellschaften und mit ihnen die Pluralität der Lebensformen nicht existieren können. Dieses Verbindende ist einerseits deutlich mehr und gehaltvoller als die häufig in pluralen Gesellschaften vertretene Forderung, dass es um der Sicherstellung der Freiheit willen genügen müsse, äußerliche Rechtstreue einzufordern. Es ist aber, eingedenk der aus dem Glauben heraus entwickelten Überzeugung von der Vorläufigkeit aller inhaltlichen Füllungen des guten Lebens, zugleich auch weniger, als dies in manchen wertsubstanzialistischen Positionen vertreten wird. Die Ausrichtung des Öffentlichen Protestantismus auf das Gemeinwohl zielt nach dem hier Ausgeführten gerade nicht darauf, einen festen Kanon konkreter Forderungen mit der Autorität des Glaubens aufzustellen. Sie orientiert sich vielmehr an der in den letzten Jahren unter dem Eindruck einer forcierten Pluralisierung der westlichen Gesellschaften gewachsenen Einsicht, dass es im Sinne einer liberalen, freiheitssichernden Ordnung des Zusammenlebens notwendig ist, die Rahmenbedingungen zu stabilisieren, ohne die ein solcher Pluralismus seine eigenen, freiheitsgarantierenden Grundlagen zu zerstören droht.

In dieser Ausrichtung nimmt der Öffentliche Protestantismus auf, was nicht nur von den Kirchenmitgliedern, sondern auch in der politischen Philosophie und in der gesellschaftlichen Öffentlichkeit vielfach als Erwartung formuliert wird: Er will diejenigen Überzeugungsressourcen bereitstellen, die die Voraussetzung dafür bilden, strittige Fragen unter dem Verzicht auf Absolutheitsansprüche und unter der Anerkennung des anderen als Gleichberechtigtem auszutragen. Er will zudem demjenigen, der mit Gründen die eigene Position nicht teilt, das Recht zum Anderssein nicht absprechen.[1] Diese Voraussetzung ist alles andere als selbstverständlich, vor allem entspringt sie gerade nicht der unmittelbaren Wahrnehmung, sondern verdankt sich einer spezifischen Sichtweise, die eng mit der Tradition des christlichen Glaubens verbunden ist. Um es noch einmal mit dem Bild der Kinder Gottes zu verdeutlichen: Jeden Menschen unabhängig von seiner körperlichen und geistigen Verfassung, unabhängig auch von seiner Volkszugehörigkeit, seinem Geschlecht und seiner sexuellen Orientierung als gleichberechtigten Mitbürger anzuerkennen, ist ein Akt, der eng mit der im Christentum gepflegten Überzeugung verbunden ist, in jedem Menschen gleichermaßen ein Kind Gottes zu sehen. Darin bringt der Gedanke der Versöhnung zum Ausdruck, dass die Anerkennung von Gleichwertigkeit zugleich die Anerkennung von Verschiedenheit bedeutet. Wie tief diese Hintergrundüberzeugungen mit fundamentalen Prinzipien einer liberalen, rechts- und sozialstaatlichen Demokratie zusammenhängen, wird deutlich, wenn man sich vergegenwärtigt, dass solche Annahmen die Grundlage dafür bilden, jeder Stimme dasselbe Gewicht bei Abstimmungen zuzumessen oder auch im Recht einen Minderheitenschutz zu gewährleisten, weil der Wert einer Person nicht über Mehrheiten verrechnet werden kann. Die Liste entsprechender Hintergrundüberzeugungen lässt sich leicht auch auf andere Bereiche ausdehnen: Sie umfasst Bildungsanstrengungen, es basieren aber auch die Anspruchsrechte auf ein menschengerechtes Auskommen, auf Krankenversorgung und Pflege auf einem Überzeugungskatalog, der keineswegs selbstverständlich ist. Ähnliches gilt hinsichtlich der Verpflichtung zur Solidarität mit allen Menschen, die sich

---

[1] Jürgen Habermas: Ein Bewusstsein von dem, was fehlt, in: ders.: Studienausgabe in fünf Bänden, Bd. 5, Frankfurt am Main 2009, S. 408–416, 413f. – Vgl. auch ders.: Vorpolitische Grundlagen des demokratischen Rechtsstaates, in: ders.: Zwischen Naturalismus und Religion, Frankfurt am Main 2005, S. 106–118. Zum weiteren Diskussionskontext vgl. auch Hans Vorländer (Hg.): Demokratie und Transzendenz. Die Begründung politischer Ordnungen, Bielefeld 2013.

zumindest im Zahlen von Steuern abbildet, sowie für einen sorgsamen Umgang mit den Mitgeschöpfen und der Natur.

Derselbe Sachverhalt betrifft nun aber auch den Bereich der privaten Lebensführung, etwa im Blick auf das Recht, sich den eigenen Vorstellungen entsprechend zu kleiden, sich seine Freunde selbst zu wählen, über den eigenen Lebensentwurf und auch die Berufswahl zu entscheiden. Damit zeigt sich: Die Prinzipien einer freiheitlich-pluralen Gesellschaft sind vor allem inhaltlich oder substantial viel stärker angereichert und aufgeladen, als dies häufig von den Vertreterinnen und Vertretern der liberalen Zugangsweise herausgestellt wurde. Zugleich sind solche Prinzipien auch viel instabiler und verwundbarer als oft angenommen. Vor diesem Hintergrund besteht die Aufgabe des Öffentlichen Protestantismus darin, an der Tradierung und Aktualisierung solcher Grundlagen mitzuwirken. Sein Beitrag zum Gemeinwohl besteht daher nicht darin, eine bestimmte, material angereicherte Vorstellung vom gemeinsamen Guten auszuformulieren und für alle verbindlich zu erklären. Er zielt vielmehr darauf, die verbindenden Grundlagen dafür sicherzustellen, dass unterschiedliche Überzeugungen und Lebensstile in einer Gesellschaft zusammen existieren können – oder, in Aufnahme der eben entwickelten Prinzipien formuliert: dass als Aufnahme des Gedankens der Versöhnung Freiheit in der Gemeinschaft möglich wird.[2]

Diese Grundlagen konkretisieren sich zunächst darin, für Verfahren einzutreten, die nicht nur die Koexistenz verschiedener Überzeugungen ermöglichen, sondern auch die Prozeduren bereitstellen, mit denen die Verständigung bei konfligierenden Überzeugungen hergestellt werden kann. Diese Wertschätzung von Verfahren, mit denen Kompromisse ausgelotet oder möglicherweise sogar Konsense gefunden werden, beruht, wie eben gezeigt, selbst auf starken Voraussetzungen, für die der Öffentliche Protestantismus einzutreten bereit ist. Gerade weil es sich bei solchen Verfahren nicht einfach um formale Akte handelt, ist es notwendig, für die Überzeugungen zu werben, auf denen solche Mechanismen beruhen. Dieses Werben bedeutet keine Abkehr vom Ziel einer freiheitlichen Gesellschaft und einer Akzeptanz

---

[2] Der Sache nach berühren sich diese Überlegungen mit dem, was Peter Dabrock in Aufnahme der Formel von Trutz Rendtorff vom «Gemeinwohlpluralismus» beschreibt, als Dialektik zwischen der Kritik an jedem konkret und darin immer nur künstlich oder autoritär festgelegten substanziellen Gehalt von Gemeinwohl, und der Notwendigkeit, Fragen der gesellschaftlichen Kohäsion nicht als naturwüchsig zu begreifen, sondern an ihrer Formulierung festzuhalten; vgl. dazu Peter Dabrock: Öffentlichkeit und Religion. Aktualisierungen der Gemeinwohl-Tradition in sozialethischer Perspektive, in: Elisabeth Gräb-Schmidt / Reiner Preul (Hg.): Gemeinwohl (Marburger Jahrbuch Theologie 26), Leipzig 2014, S. 77–124, bes. 83f.

gleichberechtigter, pluraler Lebensstile. Es reagiert aber auf die Einsicht, dass der liberale Gedanke, die Möglichkeit des Nebeneinanderbestehens verschiedener Lebensstile über einen formalen, rechtlichen Rahmen zu garantieren, der das friedliche und freie Zusammenleben aller sichert, stets neu plausibilisiert werden muss.

Ein liberales Rechtssystem ist neutral im Hinblick auf Lebensstile, religiöse Bekenntnisse, weltanschauliche Positionen. Aber diese Neutralität droht gegenwärtig selbst zu einem gefährdeten Gut zu werden. Nach den Voraussetzungen seiner Geltung zu fragen, lässt sich darum nicht mehr einfach abschätzig als illiberales Leitkulturgeschwätz abtun.[3] Die Intentionen der Liberalität sind inzwischen nicht mehr in der diskursiven und positionellen Abstinenz gewahrt, sondern viel eher in der diskussionsbereiten Suche nach solchen konsensfähigen gemeinsamen Einstellungsmustern, die das System der demokratischen Erzeugung von gemeinsam akzeptierten Lösungen ermöglichen und nicht infrage stellen. Angesicht einer wachsenden gesellschaftlichen Polarisierung muss die diskursive Suche nach inhaltlichen Stabilisierungsmustern für ein solidarisches Leben im Horizont der Anerkennung von Verschiedenheit beginnen. Die Botschaft von der Versöhnung motiviert dazu, den Dialog auch mit Andersdenkenden zu suchen und vor allem auch eine andere Position zuzulassen – solange ihre Vertreterinnen und Vertreter bereit sind, die grundsätzlichen Voraussetzungen und Prozeduren zu akzeptieren, die das Zusammenleben in einer freiheitlich-pluralistischen, an der Würde des Einzelnen orientierten Gesellschaft regeln. In diesem Zusammenhang gilt es besonders mit Entschiedenheit der Meinung entgegenzutreten, diese Verfahren erbrächten gerade eine solche integrative Leistung nicht mehr und seien daher illegitim.[4]

Wenn der Öffentliche Protestantismus dabei nicht nur für die Gleichberechtigung aller Beteiligten eintritt, sondern zugleich darauf beharrt, die eigene Position in solchen Aushandlungsprozessen argumentativ vertreten zu müssen, dann zeigt sich darin, dass die Konzentration auf solche Verfahren

---

[3] Vgl. zu der in den letzten Monaten neu aufgekommenen Artikulation von Unzufriedenheit mit der normativen Enthaltsamkeit liberaler Traditionen: FEST-Newsletter Juli 2016, S. 1f. – Irmgard Schwaetzer: Bericht des Präsidiums der 12. Synode der Evangelischen Kirche in Deutschland (EKD-Geschäftsstelle der Synode, Drucksache I/1: 3. Tagung der 12. Synode der Evangelischen Kirche in Deutschland 6. bis 9. November 2016 in Magdeburg). – Gerald Wagner: An wie viel Unordnung kann man sich gewöhnen? Der Soziologe Armin Nassehi und der Rechtswissenschaftler Christoph Möllers suchen nach Antworten auf den Kontrollverlust, in: Frankfurter Allgemeine Zeitung, 16.11.2016, Nr. 268, S. N4 – Frank-Walter Steinmeier: Mischt euch ein. Zum Verhältnis von Reformation und Außenpolitik, in: zeitzeichen 17 (2016), Heft 11, S. 8–10.

[4] Habermas, Ein Bewusstsein von dem, was fehlt, S. 411.

nicht nur in ihren Voraussetzungen, sondern auch in ihren Auswirkungen auf Wertungen basiert, die eng mit der protestantischen Tradition verbunden sind. Dieses Insistieren ist in der Gegenwart keineswegs obsolet geworden, sondern wird immer bedeutsamer in einer gesellschaftlichen Situation, in der die direkte, medial vielfach verstärkte Artikulation von Einschätzungen zunehmend an Einfluss gewinnt. Das Beharren auf der Verständigung im argumentativen Verfahren stellt demgegenüber in Kirche und Politik einen Schutz der Schwachen dar, weil es dafür sorgt, dass nicht automatisch die Frommen oder die Lauten gewinnen.

3.

In diesem Werben um das Vertrauen in die Rahmenbedingungen und Verfahrensmechanismen einer freiheitlich-rechtstaatlichen Demokratie erschöpft sich die Rolle des Protestantismus im politischen Diskurs aber nicht. Denn zu der auf die gesellschaftliche Kohäsion gerichteten Funktion tritt noch eine zweite, oft zu wenig beachtete Funktion hinzu. Wie oben die Rolle der kirchlichen Lehre im Gegenüber zur Frömmigkeit des Einzelnen darin gesehen wurde, einen Freiraum für die individuelle Ausformung des Glaubens sicherzustellen und einem möglichen Bekenntniszwang entgegenzutreten, so muss der Öffentliche Protestantismus in seiner Ausrichtung auf den individuellen Protestantismus auch versuchen, konkrete Vorschläge in die politische Diskussion einzubringen. Hier gilt es im Interesse der liberalen Anliegen, die von deren Vertreterinnen und Vertretern häufig geäußerte Skepsis gegenüber einem normativen Gestus, den man insbesondere in der Tradition des Linksprotestantismus wahrnahm, aufzugeben. Liberalen Positionen fiel es schon immer leichter, potenziell bevormundende, als freiheitsgefährdend empfundene Festlegungen des Guten zu kritisieren als eigene, mehrheitsfähige Überzeugungen konstruktiv vorzuschlagen. Doch nur wenn sie sich diesem durchaus mühsamen Weg öffnen, können sie zwei liberalen Grundanliegen entsprechen: zum einen, die Vorschläge zur konkreten Gestaltung des Zusammenlebens ernsthaft im politischen Diskurs zur Diskussion zu stellen und sie ihm nicht durch die Etikettierung als Privatsache zu entziehen. Und zum anderen: Die Sphäre des Privaten wirklich frei zu halten, indem die Artikulation der evangelischen Position durch den Öffentlichen Protestantismus es dem Einzelnen ermöglicht, seine individuelle Meinung auch als private, höchstpersönliche Angelegenheit gelten zu lassen.

Umgekehrt bedeutet das allerdings auch, im Raum des Politischen, in der Sphäre des Öffentlichen den Dissens über unterschiedliche Haltungen und Einschätzungen, auch harte Konflikte über inkommensurable Überzeugungen zuzulassen und diese nicht durch den Verweis auf den privaten Charakter von derartigen Überzeugungen aus dem politischen Diskurs zu verweisen. Liberalität bedeutet nicht nur die Anerkennung von Pluralität, sondern die Anerkennung der Legitimität von Konflikten – unter der Voraussetzung allerdings, dass es einen verbindenden Rahmen gibt, innerhalb dessen die Konflikte ausgetragen werden. In dieser Hinsicht ist der im liberalen Gestus gesuchte Konsens nicht das Ziel, sondern der Ausgangspunkt für anschließende, konkrete politische und gesellschaftliche Verständigungsprozesse. Hier muss es nicht zum Konsens und damit zu einer Deckungsgleichheit der Überzeugungen, wohl aber zu einer die Ausgangskonflikte befriedenden Regelung kommen.

So lässt sich abschließend festhalten: Öffentlicher Protestantismus zielt auf die Befreiung der Politik zu ihrem Politisch-Sein. Das bedeutet, Konflikte in den demokratischen Legitimationsprozess einzubringen und sie gerade nicht durch eine moralische Aufladung bzw. eine entsprechende Vorentscheidung aus der Perspektive des Glaubens oder der Moral der demokratischen Meinungsbildung zu entziehen. Dass in dieser Hinsicht ein Desiderat besteht, lässt sich durchaus an der erfolgreichen Argumentationsstrategie der verschiedenen populistischen Richtungen illustrieren: Sie basiert regelmäßig auf der Klage, die eigene Position werde marginalisiert und – aus welchen Gründen auch immer – aus dem politischen Diskurs verwiesen. Diesem Vorgehen wird man nur so begegnen können, dass die entsprechenden Positionen – unter Anerkennung der hier entwickelten Rahmenbedingungen – in die politische Auseinandersetzung zurückgeholt werden. Diejenigen Positionen, die demgegenüber vor dem Hintergrund der an Freiheit, Pluralität und Rechtstaatlichkeit orientierten Tradition des Protestantismus formuliert werden, die darüber hinaus bei aller Hinwendung zum Politischen den grundsätzlich auf Universalisierung angelegten Zug christlicher Ethik hervorheben, werden den Vergleich mit den populistischen Positionen nicht scheuen müssen. Dass der Protestantismus eine historische Affinität zur Kraft des besseren Arguments besitzt, wird ihm auch in solchen Auseinandersetzungen zugutekommen.

Ausblick

Die vorangegangenen Überlegungen haben gezeigt, dass die gesellschaftliche Präsenz und die politischen Aufgaben des Protestantismus mehr umfassen als ein prophetisches Wächteramt *gegenüber* dem Staat oder als die lobbyistische Artikulation kirchlicher Interessen, mehr auch als die bloße Stellungnahme zu strittigen politischen Themen oder die religiöse Zurüstung und Gewissensschärfung des einzelnen politischen Akteurs oder Staatsbürgers. Zwar haben all diese Handlungsformen ihr relatives Recht, bilden aber nicht – weder je für sich noch zusammengenommen – hinreichend ab, worin der besondere Beitrag des Protestantismus zur politischen Kultur besteht: in der aus dem Glauben an Gott den Schöpfer, Erlöser und Versöhner resultierenden Pflege des Verbindenden, das politischen Streit sowie politische Entscheidungen ermöglicht und zugleich auch begrenzt. Öffentlicher Protestantismus steht für eine Grundierung des gesellschaftlichen Zusammenlebens aus dem Geist eines evangelischen Christentums, das sich an politischen Debatten kritisch oder konstruktiv beteiligt mit dem Ziel gesellschaftlicher Kohäsion.

Nur wenn man die Dimension des Öffentlichen Protestantismus mitberücksichtigt, lässt sich der Beitrag des evangelischen Christentums zur gesellschaftlichen Auseinandersetzung und zu den politischen Debatten angemessen umsetzen. Zugleich kommt erst in dem gleichberechtigten Zusammenhang der drei Dimensionen des Protestantismus die Gestalt der evangelischen Kirche vollständig zum Ausdruck. Die Botschaft des Evangeliums gilt dem einzelnen Glaubenden, zielt auf die kirchliche Gemeinschaft und betrifft das Gemeinwesen. In Weiterführung klassischer Termini gesprochen, muss so zum allgemeinen und besonderen Amt das öffentliche Amt der Kirche treten. Dabei handelt es sich gerade nicht um die Sehnsucht nach der Wiederherstellung alter Verhältnisse einer aus der Drei-Stände-Lehre gewonnenen Vorstellung einer christlichen Obrigkeit. Unter modernen Bedingungen ist die Verantwortung der Kirche für das Gemeinwesen nicht mehr an bestimmte Gruppen oder Funktionsträger zu delegieren. Sie wahrzunehmen, ist bei aller Verschiedenheit der Verantwortungsebenen jedem einzelnen Protestanten ebenso wie der Kirche als ganzer aufgetragen. Politische Stellungnahme im Sinne des Öffentlichen Protestantismus ist weder das alleinige Privileg noch die alleinige Pflicht der Inhaber eines besonderen kirchlichen Amtes. Die Formel vom Öffentlichkeitsauftrag der Kirche ist unter modernen und unter rechtsstaatlichen Bedingungen vielmehr in dem oben genannten, umfassenden Sinne zu begreifen.

Das bedeutet zugleich: Öffentlicher Protestantismus ist nicht zu verstehen als Neuauflage alter ordnungstheologischer Vorstellungen einer metaphysischen Legitimationsbedürftigkeit des modernen Staates oder der Politik. Der Verfassungsstaat verfügt über seine eigene Legitimationsgrundlage, bedarf aber der Pflege eines Bewusstseins des gemeinsam Verbindenden und Verbindlichen, die erst eine Kultur der demokratischen Auseinandersetzung ermöglicht. Diese Pflege liegt nicht auf derselben Ebene wie das Politische, sondern ermöglicht es erst. Um es an Beispielen zu verdeutlichen: Theologische Deutefiguren wie diejenige von der Mitgeschöpflichkeit oder biblische Bilder wie das von den Kindern Gottes – sie beinhalten kein politisches Programm und heben empirische Differenzen nicht auf. Sie sind kein Korrektiv konkreter politischer Entscheidungen, sondern beschreiben deren Ermöglichungsbedingungen, indem sie einen gemeinsamen Horizont markieren.

Öffentlicher Protestantismus ist also kein Programm, das moderne gesellschaftliche Entwicklungen oder liberale Auffassungen ihrer Legitimität infrage stellt. Weder hinter gesellschaftliche Differenzierung noch hinter religiöse Pluralität führt ein Weg zurück. Das Programm formuliert vielmehr die Aufgabe, unter den gegenwärtig gegebenen säkularisierungsbedingten Verhältnissen an der Unterscheidung von gesellschaftlichen Teilbereichen als einer Errungenschaft der Moderne festzuhalten, ohne den Anspruch auf eine Pflege des Verbindenden preiszugeben. Öffentlicher Protestantismus ist diejenige Dimension des Protestantismus, die gerade unter modernen Bedingungen sich dem *bonum commune* verpflichtet weiß, indem es sich an dessen Herstellung ebenso wie an deren Tradierung beteiligt. Nur auf der Grundlage einer solchen Orientierung am Gemeinwohl wird der Freiheitsanspruch, für den der Protestantismus steht, konkret.

Damit zeigt sich am Ende: das Programm des Öffentlichen Protestantismus ruht auf zwei grundlegenden Voraussetzungen der Selbsteinschätzung des Protestantismus. Zum einen tritt er auf in dem ungebrochenen Selbstbewusstsein, auch gegenwärtig über die Potenziale zu verfügen, die ihn zu einem forumsbildenden Faktor in der Gesellschaft machen. In diesem Selbstzutrauen ist er Öffentliche Kirche. Zum anderen tritt er an in der traditionell liberalen Selbstbeschränkung, die Pflege des Verbindenden im Horizont religiöser Pluralität nicht mit Absolutheitsansprüchen vornehmen zu können, die die Geschichtlichkeit und die Gestaltbarkeit des Politischen ebenso konterkarierten wie sie Wandlungen und Entwicklungen auf dem Feld der Religion ignorierten. In dieser Selbstzurückgenommenheit ist er Öffentliche Religion.

Theologische Studien

www.tvz-verlag.ch

In den 2010 wieder aufgenommenen Theologischen Studien stellen renommierte Theologen und Theologinnen aktuelle öffentlichkeits- und gesellschaftsrelevante Themen profiliert dar. Ziel ist es, einer theologisch interessierten Leserschaft auf anspruchsvollem und zugleich verständlichem Niveau den Beitrag aktueller Fachwissenschaft zur theologischen Gegenwartsdeutung vor Augen zu führen.

1 Ulrich H. J. Körtner
Reformatorische Theologie
im 21. Jahrhundert
ISBN 978-3-290-17800-0

2 Friedrich Schweitzer
Menschenwürde und Bildung
Religiöse Voraussetzungen
der Pädagogik in
evangelischer Perspektive
ISBN 978-3-290-17801-7

3 Benjamin Schliesser
Was ist Glaube?
Paulinische Perspektiven
ISBN 978-3-290-17803-1

5 Thomas Schlag
Öffentliche Kirche
Grunddimensionen einer
praktisch-theologischen
Kirchentheorie
ISBN 978-3-290-17804-8

6 Christine Gerber
Paulus, Apostolat und Autorität
oder Vom Lesen fremder Briefe
ISBN 978-3-290-17805-5

7 Konrad Schmid
Gibt es Theologie
im Alten Testament?
Zum Theologiebegriff in der
alttestamentlichen Wissenschaft
ISBN 978-3-290-17806-2

8 Thomas Schlag
Aufmerksam predigen
Eine homiletische
Grundperspektive
ISBN 978-3-290-17808-6

9 Anne Käfer
Glauben bekennen,
Glauben verstehen
Eine systematisch-
theologische Studie
zum Apostolikum
ISBN 978-3-290-17809-3

10 Stefan Grotefeld
Verantwortung
von Unternehmen
Überlegungen in
theologisch-ethischer Absicht
ISBN 978-3-290-17810-9

11 Ralph Kunz
Aufbau der Gemeinde
im Umbau der Kirche
ISBN 978-3-290-17812-3

TVZ Theologischer Verlag Zürich
Badenerstr. 73
CH-8004 Zürich
tvz@ref.ch
www.tvz-verlag.ch

T V Z